农村转移劳动力回流研究

黄敦平 著

中国财经出版传媒集团

经济科学出版社

Economic Science Press

图书在版编目（CIP）数据

农村转移劳动力回流研究／黄敦平著 . -- 北京：
经济科学出版社，2022.9
ISBN 978 - 7 - 5218 - 3874 - 9

Ⅰ . ①农… Ⅱ . ①黄… Ⅲ . ①农村劳动力 - 劳动力转
移 - 研究 - 中国 Ⅳ . ①F323.6

中国版本图书馆 CIP 数据核字（2022）第 128667 号

责任编辑：白留杰 杨晓莹
责任校对：靳玉环
责任印制：张佳裕

农村转移劳动力回流研究

黄敦平 著

经济科学出版社出版、发行 新华书店经销
社址：北京市海淀区阜成路甲 28 号 邮编：100142
教材分社电话：010 - 88191309 发行部电话：010 - 88191522
网址：www. esp. com. cn
电子邮箱：bailiujie518@ 126. com
天猫网店：经济科学出版社旗舰店
网址：http: //jjkxcbs. tmall. com
北京密兴印刷有限公司印装
710 × 1000 16 开 12.75 印张 200000 字
2022 年 9 月第 1 版 2022 年 9 月第 1 次印刷
ISBN 978 - 7 - 5218 - 3874 - 9 定价：52.00 元
（图书出现印装问题，本社负责调换。电话：010 - 88191510）
（版权所有 侵权必究 打击盗版 举报热线：010 - 88191661
QQ：2242791300 营销中心电话：010 - 88191537
电子邮箱：dbts@esp. com. cn）

前　言

在乡村振兴战略全面实施背景下，农村转移劳动力回流创业成为实现我国城乡融合发展的重要路径。近年来，国家为提高农村各类劳动人员的回流创业积极性，相继出台了一系列支持农村转移劳动力回流创业的惠农政策。随着这些惠农政策实施力度的不断加大，越来越多的人才和资本开始向农村集聚。农村转移劳动力回流创业将伴随着丰厚的经济资本、较高的人力资本和开阔的社会资本，有助于农村经济社会发展。本书研究农村转移劳动力家庭化迁移的空间特征、城市居留意愿，探讨外出务工经历对农村劳动力非农就业选择的影响，探究互联网使用对农村转移劳动力回流创业选择的影响，最后探讨农村转移劳动力回流创业的影响因素及多维相对贫困效应，并提出有针对性的举措，促进农村转移劳动力将回流创业意愿转化为具体行动，对实现我国乡村振兴具有重要的意义。

第一，长三角地区农村转移劳动力呈现较强家庭化迁移趋势，实现家庭化迁移农村转移劳动力的比重高达 79.63%。进一步将家庭化迁移农村转移劳动力按照生命周期划分为未育夫妻家庭、夫妻与未婚子女家庭、未婚者与父母家庭等三类家庭，分析发现夫妻与未婚子女家庭占到农村转移劳动力的59.69%，且处于不同生命周期农村转移劳动力的家庭化迁移存在显著的空间异质性。其中，未育夫妻家庭的家庭化迁移主要呈现以南京、上海等中心城市向外围地区梯度递减的空间分布规律，而夫妻与未婚子女家庭与未婚者与父母家庭的家庭化迁移呈现以经济发达的区县为核心向外围地区梯度递减的空间分布规律。此外，长三角地区农村转移劳动力家庭化迁移呈现"同质集聚、异质隔离"的空间聚集特征，并且当流动家庭从未育夫妻家庭过渡到夫妻与未婚子女家庭，性别、户籍类别、个人月收入、流动范围、医保、社保、家庭居住方式等因素的影响变为显著，而从夫妻与未婚子女家庭过渡到未婚者与父母家庭，医保、社保、家庭耕地等因素的影响变为不显著。

第二，与他雇型农村转移劳动力相比，自雇型农村转移劳动力的城市居留意愿相对更高；与劳力型农村转移劳动力相比，从事投资型职业农村转移劳动力的城市居留意愿相对较低，而从事智力型职业的农村转移劳动力城市居留意愿不存在显著性差别。此外，收入水平较高、拥有住房的农村转移劳动力城市居留意愿也相对更高；年龄、受教育水平对农村转移劳动力的城市居留意愿影响呈先上升后下降的倒 U 型变化；流入地区位特征的影响存在较强空间异质性，相比于流入到中西部地区的农村转移劳动力，流入到东部地区的农村转移劳动力的城市居留意愿相对更高；相比于跨省流动的农村转移劳动力，省内流动的农村转移劳动力城市居留意愿相对更高。

第三，外出务工经历对农村劳动力非农就业具有显著正向影响，而政府培训对非农就业有显著负向影响，但政府培训次数对非农就业有显著正向影响。进一步采用中介效应模型分析得出外出务工经历通过工作经验变量对非农就业影响发挥局部中介效应。

第四，互联网使用对农村转移劳动力创业选择具有显著正向影响。具体而言，使用互联网的农村转移劳动力创业概率和机会型创业概率将分别提高19%和25.8%。同时，互联网使用对农村转移劳动力创业影响存在显著空间异质性与代际差异，其中，中西部地区和壮年农村转移劳动力创业决策受到互联网使用影响相对较大。机制分析表明，互联网使用通过提升农村转移劳动力社会资本和改善融资渠道提升农村转移劳动力创业概率。在替换了互联网使用的代理变量之后，互联网使用对农村转移劳动力创业影响结果依旧稳健。

第五，回流创业减缓农村劳动力多维相对贫困具有显著的积极影响。具体而言，回流创业可以缓解经济维度、社会发展维度和生态环境维度的贫困程度。同时，回流创业影响存在区域和代际异质性，对东西部地区和壮年农户的减贫作用效果相对较大。进一步分析影响机制表明，回流创业通过提升农户数字素养对农户多维相对贫困缓解产生作用。政府应进一步支持和鼓励回流创业，因地制宜制定差异化回流创业政策；重点推进互联网等数字化基础设施建设，定期开展创业技能、数字化工具使用培训，提升数字素养水平。

第六，我国具有回流创业意愿的农村转移劳动力主要以 15～30 岁、初中及以下学历、跨省流动的已婚男性为主，家庭月收入主要集中在 6000 元以下的中低收入区间。在区域分布方面，总体上东部地区的数量略高于西部地区，中部地区的数量相对较少。在人力资本方面，男性、受教育程度越高、健康状况较好的农村转移劳动力回流创业意愿相对较高。年龄对农村转移劳动力回流创业意愿呈现倒 U 型关系，随着年龄的增加，其回流创业意愿会先增加后减少。在家庭禀赋方面，家庭经济能力越好、家庭规模越小的农村转移劳动力回流创业意愿越高，而家庭拥有宅基地或耕地对农村转移劳动力回流创业意愿并没有影响。在社会融合方面，社会参与水平越高、社会经验越丰富、社会网络越复杂、社会监督意识越高的农村转移劳动力，其回流创业意愿越高。年龄、家庭规模和社会参与水平对处在不同家庭生命周期下和不同区域间的农村转移劳动力的回流创业意愿均产生了异质性影响，而其余指标的影响结果与总样本一致，并未产生明显的异质性。在上述研究结论的基础上，提出了促进我国农村转移劳动力回流创业的政策建议。

感谢经济科学出版社白老师与杨老师及其团队的辛勤工作，也感谢我的研究生方建、孙晶晶、王雨、陈静怡、倪加鑫、尹凯在书稿撰写和校对过程中的付出，他们为本书的出版付出了诸多心血和努力，他们严谨的态度和专业的操作保证了本书的顺利出版，书中难免也存在不足与谬误，恳请广大读者批评指正。

黄敦平

2022 年 3 月

目　录

第一章

绪　　论

第一节　研究背景

在我国城镇化快速推进过程中，伴随着大规模的劳动力从农村转移到城镇。根据国家统计部门测算，我国农村劳动力转移总量从 1978 年的 3150 万人上升到 2018 年的 28836 万人。农业就业人口比例也由 1978 年的 70.5% 下降到 2018 年的 26.1%，下降 44.4 个百分点。大量劳动力从农村转移到城市，造成了农村农业人口流失，部分农村地区甚至出现了青壮年人口整体性外出，农业土地大面积撂荒现象，严重阻碍了我国农村经济社会的快速发展。为全面振兴我国农村经济，党的十九大作出实施乡村振兴战略的重大部署。在 2018 年 1 月发布的《中共中央　国务院关于实施乡村振兴战略的意见》中明确指出，实施乡村振兴战略，必须破解人才瓶颈制约。要把人力资本开发放在首要位置，畅通智力、技术、管理下乡通道，造就更多乡土人才，聚天下人才而用之。近年来，随着各项惠农政策实施力度的不断加大，农村基础设施得到明显改善，乡村人居环境有了进一步提升，部分城市经济要素开始向农村延伸，人才和资本开始向农村集聚，创业成为农村转移劳动力回流的重要原因之一。

农村转移劳动力回流创业伴随着丰厚的经济资本、较高的人力资本和开阔的社会资本，是促进我国城乡融合发展的重要路径。为提高各类劳动人员的回流创业积极性，国家近年来出台了《关于支持返乡下乡人员创业创新促进农村一二三产业融合发展的意见》《关于促进乡村产业振兴的指导意见》《关于进一步推动返乡入乡创业工作的意见》等多项支持回流创业的惠农政策。据农业农村部监测，到 2021 年底，我国返乡入乡创业人员达到 1120 万人，持续激发了农村经济发展的新活力。回流创业为农村经济社会发展提供了大量的人才资源和社会资本，对推动农业提质增效、促进农民持续增收、缩小城乡收入差距具有重要的意义。

第二节　研究意义

在大力实施乡村振兴战略背景下，我国农村转移劳动力回流创业的趋势是什么？影响农村转移劳动力回流创业意愿的因素有哪些？在不同家庭生命周期和不同区域间的农村转移劳动力回流创业意愿的影响因素存在哪些异同点？为回答上述问题，本书首先分析了具有回流和回流创业意愿的农村转移劳动力的基本现状，然后从人力资本、家庭禀赋和社会融合三个维度实证检验了农村转移劳动力回流创业意愿的影响因素，最后在家庭生命周期视角下和区域视角下，分别研究了农村转移劳动力回流创业意愿影响因素的异质性，具有重要的理论意义和现实意义。

一、理论意义

改革开放 40 多年来，我国经历了几次规模庞大的城乡人口迁移过程，为本书研究具有中国特色的人口迁移理论提供了强有力的数据支撑。在分析国际主流的人口迁移理论的基础上，将现有的推拉理论、二元经济理论、托达罗模型和新迁移经济理论等与中国的实际国情相结合，在个人、家庭和社会三种研究视角下，以近年来从我国人口迁移过程中发现的新特点作为现实支撑，分析我国农村转移劳动力的回流创业行为以及回流创业意愿的影响因素，这对发展具有中国特色的人口迁移理论具有积极意义。

二、现实意义

回流创业是实现乡村振兴的重要途径，怎样引导人才和资本向农村集聚，让农村转移劳动力自愿回流从事创业活动，成为各级政府部门亟待解决的社会性难题。本书通过分析我国农村转移劳动力回流创业意愿的现状，以及研究我国农村转移劳动力回流创业意愿的影响因素，能够帮助我们深入了解现阶段我国农村转移劳动力回流创业的特点以及影响回流创业意愿的因素，同时有助于政府部门制定更加具有针对性的、能够有效提高农村转移劳动力回流创业意愿的相关政策。最终实现维护农村社会稳定、提高社会资源配置效率、推动农村经济发展的目标，具有深刻的现实意义。

第三节　理论基础

一、推拉理论

推拉理论是被学术界普遍推崇的早期人口流动理论之一，该理论应用极其广泛且具有一定的影响力，核心人物有赫伯尔和博格。赫伯尔（Heberle，1938）较早地指出了人口流动的内在机制，认为人口迁移行为是迁入地的积极因素和迁出地的消极因素双重作用的结果。博格（Bagne，1959）则较为系统地提出了经典的人口流动理论"推拉理论"，从迁出地的"推力"方面来看，主要包括流出地资源的枯竭、劳动力需求减少引发的失业、收入水平较低等因素。从迁入地的"拉力"方面来看，它主要包括更充足的工作岗位、更高的劳动报酬、更适宜的生活环境、更好的公共服务等因素。根据人口迁移的推拉理论，劳动力由农村向城市迁移的原因，既可能是农村劳动力受到城市快速发展形成的强大拉力，尽管同时还存在着来自城市的推力作用，但作用较小；也可能是农村劳动力受到农村生产水平相对较低、生活条件恶劣等原因形成的向城市的推力，尽管同时还存在着如陪伴家人等原因形成的向农村的拉力作用，但作用较小。

农村转移劳动力回流同样是在权衡"推力"和"拉力"后做出的决策。农村劳动力在流入城市后，受到来自城市向外的推动作用增加，如生活成本提高、工作压力加大等因素影响，尽管此时还可能受到来自城市的向内的拉动作用，但作用较小；或者是农村劳动力受到来自农村向内的拉动作用增加，如家乡就业机会增多、家乡自然环境好等因素影响，尽管此时还可能受到来自农村向外的推动作用，但作用较小。当城市的"推力"与农村的"拉力"的双重作用效果大于城市的"拉力"与农村的"推力"的双重作用效果时，此时的农村转移劳动力会做出回流决策。

二、二元经济理论

二元经济理论是在更为宏观层面上建立的劳动力流动理论，刘易斯、拉尼斯和费景汉等是该理论的主要代表性人物。刘易斯（Lewis，1954）在研究劳动力无限供给条件下的经济发展问题时，首次提出了二元经济理论，认为在一个国家或地区同时存在着两种完全不同的部门：第一种部门是以农村的农业部门为代表的原始部门，该部门的劳动产出水平和工资回报率均较低。第二种部门是以城市的工业部门为代表的现代部门，该部门的劳动产出水平和工资回报率均较高。劳动力的流动过程可以分为两个阶段：在第一个阶段中，由于两部门劳动产出水平和工资回报率拥有较大的差异，且农村地区存在着大量的失业人口，那些边际产出水平不高甚至为零的农村剩余劳动力会向城市现代部门转移，当全部的农村剩余劳动力均转移至城市后，农村劳动力流动开始进入第二个阶段，由于此时农村原始部门不存在多余的剩余劳动力，如果城市现代部门想要继续获得农村劳动力，则需要通过提高工资水平的方式来吸引农村劳动力向城市现代部门转移。劳动力流动由第一阶段向第二阶段过渡，农村原始部门的劳动力供给由无限向短缺转换的临界点被称为"刘易斯拐点"。

拉尼斯和费景汉（Ranis & Fei，1961）在 20 世纪 60 年代提出了拉费模型，该模型是在刘易斯二元经济理论的基础上做出的改进。拉费模型创造性地将农业在经济发展中的重要性纳入考察范围，提出了劳动力流动的三阶段理论：第一阶段与刘易斯的论述类似，均为农村原始部门存在规模庞大的边际产出水平为零的剩余劳动力，此时劳动力的迁移不会对农村传统部门造成实质性影响。但到了第二阶段，当转移到城市现代部门的农村剩余劳动力数量增加到一定程度后，农业部门的边际产出水平会发生变化，进而对农产品的产量和价格造成影响。若农产品的价格持续性上升，农村劳动力在城市的生存会受到影响。为了维持正常的生产秩序，城市工业部门会以提高工资的方式促进农村劳动力的工作积极性。当农业部门的劳动力边际产出水平继续提高时，引致的劳动力的工资水平持续性增加，农村剩余劳动力继续向城市现代部门转移直至全部完成，出现商业化平衡点。在第三阶段，此时农业部门已经资本化，并与工业部门产生了对劳动力需求的竞争关系，同时两部门的工资回报率也取决于边际产出水平。

关于近年来我国出现的农村转移劳动力回流潮，部分学者尝试用二元经济理论加以解释：农村地区长期向城市现代部门供给大量农村剩余劳动力，由此导致的农村劳动力严重流失，此时农业部门的边际产出水平大幅提升，劳动力的工资回报率也显著提高。部分地区出现了城市现代部门与农村原始部门对农村剩余劳动力的竞争现象，农村原始部门凭借自身优势对劳动力回流的吸引力逐步显现。此外，城市现代部门对劳动力的吸收是有限的，劳动力在进入城市后受到如缺乏专业技能等因素的影响，大多数在稳定性较差的城市非正式部门工作，大量进入城市现代部门工作的农村劳动力会因失业而被迫回流。除被动回流外，农村劳动力还存在主动回流现象。农村劳动力在城市工作积累了丰富的经济资本和管理意识后，会选择主动回流从事创业活动。二元经济理论对于研究当前中国社会的农村转移劳动力回流现象仍具有重要的指导意义。

三、托达罗模型

20 世纪 60 年代，美国经济学家托达罗（Todaro，1969）发现许多发展中国家存在结构性失业现象，农村劳动力在城市出现大量失业人员的同时，仍源源不断地向城市转移，认为这种现象产生的原因并不是城乡二元经济下边际劳动产出水平的差异，而是取决于个体对城乡预期收入的权衡，并据此提出了"托达罗模型"。托达罗模型认为微观个体在进行迁移决策时，会综合考虑自身条件和在不同部门的预期收入，只有当在城市部门的预期收入大于在农村部门的预期收入时，才会做出迁移决策。而农村劳动力对城市与农村的预期收入差异越大，其向城市转移的动机就越强烈。托达罗模型是建立在"理性人"假设的基础上，因此该模型过分关注了个人的城乡预期收入对劳动力流动的影响，但却弱化了家庭理性经济决策行为和非经济因素的影响。此外，托达罗模型还存在"城乡劳动力同质性"假设，该假设认为城市同时拥有正规和非正规两种部门，多数农村劳动力在进入城市后，由于缺少竞争力会首先选择在非正规部门务工，但这并没有考虑到农村劳动力在教育、技能、经验等人力资本积累方面存在的差异。

在引入心理因素后，当城乡发展极不平等时，劳动力的预期收入在城市与农村之间存在较大差异，农村的预期收入会远低于城市的预期收入。此时，尽管农村剩余劳动力已经全部迁移至城市部门，仍会有大量来自农村的其他劳动力向城市部门转移，无形中加大了城市部门的就业负担。对此，托达罗认为应当大力发展农村经济提高农村的预期收入，引导农村劳动力本地就业，提高农村劳动力向农村原始部门回流的意愿。当农村劳动力对回流创业的预期收入高于在城市就业的预期收入时，农村转移劳动力会做出回流创业的决策。

四、新迁移经济理论

新迁移经济理论兴起于 20 世纪 80 年代，斯塔克是该理论的主要代表人物。斯塔克（Stark，1985）通过研究发展中国家的农村人口迁移问题，认为家庭应该是劳动力迁移决策的主体，劳动力个人的迁移是整个家庭计划和战略安排的结果，迁移决策的目标是实现家庭的利益最大化。个人与家庭的关系是相互依赖、相互影响的，个人外出所花费的迁移成本是由家庭成员共同承担的，而外出劳动力自然也需要将收入与家庭共享，以维持家庭正常的生活开支。新迁移经济理论包括三个核心理念：一是"风险转移"理念。为了减少家庭对于农业生产的过度依赖，将一部分劳动力转移到城市从事非农工作，这样既可以提高家庭收入，也可以减少因气候原因造成的对农业生产的不确定性。二是"经济约束"理念。由于从事农业生产的经济收入相对较低，为了缓解因资金短缺带来的生活困难，家庭会让部分劳动力进城务工，提高家庭收入。三是"相对剥夺"理念。家庭成员外出工作的决策，往往还包含着对多元化收入的追求，收入来源不同的家庭，即使收入水平相同，但经济地位不同，仍然会影响农村劳动力的转移决策。根据新迁移经济理论，农村劳动力回流的直接原因可能是因为其在城市积累了预期的家庭经济资本，或者是通过在城市就业期间获得的社会资本有助于其在回流后得到更高的经济收益。

第四节 相关概念

一、劳动力

研究劳动力转移问题，首先要精准定义劳动力内涵，在厘清劳动力内涵基础上，才能更好地分析劳动力转移问题。关于劳动力定义问题，社会学家和经济学家有着不同的标准。马克思将劳动力定义为拥有脑力劳动和体力劳动的人。经济学者则认为劳动力是一个相对概念，而非绝对概念（邓宏图，2021）。劳动力具有多种划分方法。按部门划分，劳动力可以划分为农业部门劳动力、现代工业部门劳动力和非传统部门；按照劳动力所从事职业性质可以划分为农业劳动力和非农劳动力（罗斌，2002）；按照地理空间概念，劳动力可以分为农村劳动力和城市劳动力；按照转移程度分，劳动力可以分为纯务农、兼业和纯务工（张景娜和史墨，2021）。

二、劳动力转移

劳动力转移是现代化进程的必然结果，但阻碍我国农村经济发展（文飞人，2011）。农业剩余劳动力转移是指从土地上分离出来且不影响农业总产量的农业劳动人口，向生产率较高的非农产业转化的劳动力资源再配置过程（杨新，2008；徐宏伟，唐铁山，2015）。学者们分析得出产业转移和户籍转移是劳动力转移的主要形式（曾湘泉等，2013）。按户籍划分为永久性迁移和非永久性迁移两种模式，具体来说，一种模式从农村户口转为城市户口，另一种模式户籍在乡村，是一种"候鸟式"活动。"候鸟式"活动主要集中在农村地区，因而农村存在大量剩余劳动力，农村剩余劳动力是指由于土地资源的限制和机械化的使用在满足农业正常生产情况下，从农业生产中脱离出来的那部分劳动力，其主要特征表现为受教育程度低，思想偏保守（边作为，龚贤，2021）。农村劳动力开始出现部分"离土不离乡"的非农转移，再到后来大规模的"离土又离乡"非农转移（张杰飞，2019）。将兼业转移和分业转移混合起来核算存在可能会模糊劳动力转移情况（张莘锟，杨明婉，2020）；陈宏伟，穆月英，2020）。张景娜和史墨（2022）指出，按转移程度分为纯务农、兼业、纯务工三个层次，原因在于"半工半耕"的劳动力转移是不完全意义上劳动力转移，相应地对土地转出需求影响也不同。因此在分析土地流转下，需将兼业转移和分业转移区分开来，否则会得到有偏估计。

三、农村转移劳动力

在中国社会，学术界对于"农村转移劳动力"的定义存在争议，一种看法认为，农村转移劳动力即由农业向非农行业转移的劳动力，规定农村劳动力在发生转移前所从事的工作必须与农业相关，进城后的就业主要分布在工业、建筑业和商业饮食业等（阳俊雄，1998）。另一种看法则认为，农村转移劳动力是指户籍为农村但实际在城市从事非农工作的农村人口，相较于第一种看法，该看法包含的农村人口范围更广，农村劳动力在发生转移之前所从事的职业可以是农业，也可以是与农业无关的其他工作，新生代农村劳动力从出生到走上工作岗位一直没有接触过农业，第一份工作即进城从事非农工作并长期生活在城市，就业主要分布在工业、建筑业、个体工商业、企事业单位、国家行政机关等。本书的研究目的是找出影响农村转移劳动力回流创业意愿的因素，并据此制定相应的能够引导农村各类转移劳动力返回农村参与农村建设的政策建议。而从农村走出去的无论是普通工人阶级还是高素质知识分子均应包括在研究范围内。据此，选择第二种看法将农村转移劳动力定义为：当前在城市从事非农工作但户籍在农村的适龄劳动力。

四、农村转移劳动力回流意愿

界定"农村转移劳动力回流意愿"的关键是明晰什么是"回流"。农村转移劳动力回流应该包括两种因素：第一，农村劳动力户籍不变地完成由迁出地到迁入地，再从迁入地返回到迁出地的整个迁移过程。第二，农村劳动力回流后愿意长期在家乡工作和生活，且在自身可预见的时间范围内没有重返城市的计划。基于这两个要素的划分，再结合关于农村转移劳动力的概念界定，将农村转移劳动力回流意愿的概念定义为：当前在城市从事非农工作但户籍在农村的适龄劳动力离开城市、返回农村工作和生活的意愿。需要注意的是由于季节性农忙、节假日、家庭事件等原因，农村转移劳动力会出现暂时性回流，这些短暂的回流现象并不会影响他们选择再次返回城市，因此没有被纳入农村转移劳动力回流的定义范畴。

五、农村转移劳动力回流创业意愿

创业即创建新组织与开展新业务的活动，农村转移劳动力回流创业与普遍意义上的创业内涵是一致的，但后者的创业主体是农村转移劳动力，创业地点在农村。回流创业的农村转移劳动力必须具有准确识别创业机会的能力，并能够基于外部环境和自身条件，在理性心理驱动下做出决策，再根据现有资源创造财富。农村转移劳动力回流创业的动机除了是获取高额的经济收入外，还有可能是为了实现自身精神层面的满足。农村转移劳动力响应国家乡村振兴战略号召，在政府的帮扶下返回家乡创办企业，发展服务业、新型农业等活动，实现带动地方经济发展、带领贫困群众顺利脱贫的目的。基于此，本书结合上文对农村转移劳动力回流的定义，将农村转移劳动力回流创业意愿定义为：当前在城市从事非农工作，但户籍在农村的适龄劳动力出于创造经济效益、实现自我价值等目的，充分调动自身所积累的人力资本、家庭资本和社会资本，在家乡的农村或者城镇创办企业的意愿。

第五节　文献综述

一、劳动力转移研究

（一）劳动力转移现状研究

经过改革开放 40 多年的发展，中国经济已经进入到"刘易斯拐点"区间（李谷成等，2018）。2016 年，农业劳动力在劳动力总量中的占比也由改革之初 70% 以上降到 30% 以下（刘晓光，苟琴，2017）。我国经济发展受到劳动力数量和结构的带动进而快速发展，但人口"红利"效应开始逐渐减弱（戴翔等，2016）。

劳动力转移阶段划分。不同学者对于我国劳动力转移阶段划分有不同看法。劳动力转移可以分为"乡—城"自由流动（1921~1958 年）、"乡—城"限制流动（1958~1978 年）、"乡—城"流动破冰（1978~1992 年）、"乡—城"流动迅速回暖（1992~2012 年）、"乡—城"双向流动（2012 年至今）

五个阶段。李周（2019）根据农业剩余劳动力流动在农村发展理论中的地位和作用，然后分三个阶段勾勒了70年中国农业劳动力转移的历程。

劳动力转移规模效应减弱具体表现在两个方面。首先，表现在廉价劳动力效应减弱，樊学瑞等（2019）通过测算劳动力成本，发现我国劳动力成本高于大多数亚洲国家和新兴经济体。李辉尚等（2021）利用55个经济体数据进行对比，得出我国劳动力转移效应逐渐减弱，未来要注重农业生产率的提高为我国宏观经济发展注入活力。邓宏图（2021）通过分析得出农村现代化滞后造成大量劳动力"剩余"，浪费劳动力资源，得出结论是实现劳动力在城乡有效配置的必经之路就是提高生产率。其次，表现在农业劳动力对经济贡献程度。为解决人地矛盾问题，大量劳动力开始转移，导致劳动力产业结构失衡，进而产生农业"空心化"（王国敏，罗浩轩，2012）。李北伟（2018）研究得出劳动力相对量对经济增长的促进作用减弱。这些研究发现，我国目前劳动力市场存在一些缺陷，只有提高劳动力技能，完善劳动力市场结构，才能为经济注入长久活力。

（二）劳动力转移对农村经济发展的影响研究

大多学者对于农村劳动力转移对农村经济是促进还是减缓进行讨论。国内学者大多认为劳动力转移促进农村经济发展。赖明勇等（2011）认为边际生产率较低的农村剩余劳动力对于GDP发展具有重要贡献。汪三贵和王彩玲（2015）指出，劳动力迁移改善了劳动力的利用状况，提高了生产要素资源配置效率，对迁入地和迁出地的经济发展都有一定的促进作用。刘洪银（2011）得出劳动力转移没有导致农业产出降低，反而使农业总产值增加。杨帆和夏海勇（2012）利用1995～2009年中国农业生产省面板数据，研究得出劳动力转移使得农业部门对于GDP发展贡献开始凸显。宋结合（2015）指出，农村劳动力转移有利于产业结构调整和经济增长、为农村注入资金和技术、提高土地利用效率。邵帅（2021）指出农村劳动力转移能够通过改变农业生计资本、闲置耕地比重和农村工业生计资本而对农业污染和农村工业污染产生显著影响。

少量的学者持有反对观点，认为劳动力转移阻碍了农村经济发展。近年来，随着农村劳动力人数不断减少，造成一定程度上产生了土地荒芜、闲置，部分农业生产者不愿从事农业劳作的情况（魏万青，2021）。我国农业生产组织方式仍以一家一户生产经营为主，创造就业岗位较少，造成了大量青年人才外流，进一步导致农村的空心化和乡村经济发展的萎缩（周艺珮，兰勇，2021）。王秀芝和刘顺伯（2009）利用江西数据得出在利润最大化假设下，得出劳动力转移与劳动力产出反向变动关系，劳动力转移阻碍了农业产出发展。李士梅和尹希文（2017）指出劳动力转移阻碍了农业全部门生产效率提高，随着劳动力转移数量增加会增加农业污染范围，给农村环境绿色发展造成巨大破坏。

（三）劳动力转移的原因研究

劳动力转移的原因是指农村劳动力为获得更好的经济收入和更多的就业机会，从第一产业转移到第二、第三产业。当前中国经济随着劳动力转移的深入已经取得了巨大的成就，但是还存在着一系列急需解决的现实的、重要的问题，如存在就业需求扩大与就业空间缩小的矛盾、充分供给与有限需求的矛盾、自身技能不足与行业有技能需求的矛盾，等等。针对此问题，国内的专家学者也认为解决好"三农"问题是关键，而解决途径必须转移农村劳动力（秦有娟，2015）。于是不同学者从不同角度进行研究劳动力转移原因，归纳起来主要分为经济因素、制度因素和人力资本角度（徐宏伟，唐铁山，2015）。

1. 农业技术进步。农业技术进步主要包括农业新技术的推广转化、农业生产经营、管理水平的提高、动植物优良品种的选育和种养方法的改进等内容（王爱民，李子联，2014）。农业技术进步是提高农业生产率、增加农民收入的，促进劳动力转移最为重要的动力。学者针对农业技术进步和劳动力转移因果关系存在争论。

一部分学者认为，农业技术进步推动劳动力转移。农业技术会直接作用到提高农业生产效率和农产品高质量化。一是改进了传统生产方式，释放的大量农村劳动力在向本地或工资收入水平较高省份的非农部门转移过程中，提升了农民的收入与福利水平。许和连和赵德昭（2012）认为，农业部门技术进步对劳动力转移具有推动影响。李斌等（2015）进一步指出，这种推动作用从西部向东部递减。二是扩展农村劳动力范围。马轶群（2013）分析江苏和浙江省数据发现，第三产业技术进步会显著影响劳动力转移。张宽等（2017）利用生产率高低进行分组，得出在高生产率地区技术进步对于劳动力转移具有显著影响。三是缩短农业生产时间。农民可以利用化肥农业等实现，缩短农作物生长时间。

但一些学者也得出相反的观点。劳动力转移会导致从业农业生产劳动力减少，进而会增加对于农业机械化需求，拉动技术进步。周晓时（2017）指出，从事农业生产活动的劳动力占总量劳动力比重每下降1%可以促使农机总动力增长1.85%。李士梅和尹希文（2017）发现劳动力转移抑制农业技术进步。程名望和阮青松（2010）指出，农业技术进步具有正负效应，但正负效应相互抵消，对劳动力转移影响不显著。

2. 土地流转。随着工业化和城镇化的深入，大量农村劳动力外出工作，户均资本投入增加，农业生产趋于资本深化，农地流转市场日渐活跃（赵思诚等，2020）。土地资源是我国农业农村和农民赖以生存的要素（边作为，龚贤，2021）。以往文献指出，土地流转和劳动力转移呈现互为因果现象。一方面，耕作土地成本增加，会提高土地流转概率，进而推动劳动力转移。夏玉莲等（2017）认为，农地流转在农村劳动力转移中起到了正向推动作用，增加转入户和转出户的家庭总收入，且对于低收入群体的农户影响更显著。土地流转促进劳动力转移结构升级调整，完善劳动力市场，将女性从土地中解放出来，优化土地资源合理利用（黄枫，孙世龙，2015）。农业机械化程度越高会扩大土地转出规模，进而会加快劳动力进入第二、第三产业（张苇锟，杨明婉，2020）。农村务农人员和非农劳动力对于土地转出反映程度不同，土地流转对于农村非农劳动力影响较小（胡新艳，洪炜杰，2019）。劳动力转移显著地促进了农户农业生产的资本深化进程，资本对劳动力投入进行了替代，同时，资本深化显著提升了种粮大户的农地经营规模。

土地流转促进农村劳动力的有序转移已经成为中国农业机械化、经营规模化和农村现代化的必经之路和应然选择。农地流转在农村劳动力转移的形式升级中起到了重要的促进作用，且该作用在低收入组农户中更具显著性（杨子砚，文峰，2020）。也有一些相反观点，袁野和周洪（2021）则通过实证证明，得出劳动力转移和土地流转相互不产生影响结论。高佳和宋戈（2020）指出，劳动力转移超过一定临界值才会对农地转出产生影响，当劳动力转移规模小于或等于 0.3 时，劳动力转移规模的扩大不会促进土地转出。

3. 城镇化。城镇化水平是一个国家衡量经济发展的重要标志。城镇化一般是指人口由农村向城镇集聚的过程，通常用城镇化率指标（即城镇常住人口占总人口的比重）反映城镇化程度（郑鑫，2014）。改革开放以来，城镇化水平不断提高，城镇数量增加，但城乡收入差距不断扩大。根据推—拉理论，农村就业机会少和基础设施落后就是劳动力转移的推力，而城镇较多就业岗位和完善的医疗、教育等社会保障制度就是农村劳动力转移的拉力，推动了农村劳动力向城市转移，但也造成了农村地区大量劳动力流失。长三角和珠三角地区拥有较高城镇化率，吸引了大量农村剩余劳动力就业（余吉祥等，2013）。赖明勇等（2011）认为，城镇化背景下，城镇化对于农村剩余劳动力具有拉力作用，但城镇化对劳动力转移有拉力有区域差异，西部地区应该利用好自然资源条件发展城镇化。曾龙和杨建坤（2020）指出，城市扩张对农村剩余劳动力转移的影响主要表现为倒 U 型趋势。特定情况下，城镇发展模式会阻碍劳动力转移。

4. 基础公共服务。由于我国各地区公共服务水平存在区域差异，熊鹰（2020）指出，劳动力转移会受到城市公共服务的影响。城市基础公共服务一般分为教育、医疗、交通运输条件等。城市公共服务均等化会增加劳动力流动"意愿"，甚至超过工资收入的吸引（崔菲菲等，2020）。交通网络越发达，越会降低劳动力考虑空间距离因素。首先，劳动力流动会考虑到出行成本问题，随着我国高铁铁路网的不断完善，有学者利用双重差分方法考察高铁县对于劳动力转移的影响，得出开通高铁后的县城，在未来几年内劳动力转移数量上产生明显促进作用。李祥妹等（2014）通过对沪宁城际高速铁路建设分析得出了铁路建设有效拓宽了城市间人口流动时空，缩短了区域经济距离。公路可获得性会拉动贫困地区劳动力转移。

5. 人力资本水平。舒尔茨在 20 世纪 60 年代提出人力资本水平是拉动经济的重要动力源。人力资本水平主要从教育、培训、健康、信息获取、性别特征进行测度。劳动力转移过程就是人力资本投资过程。个体经济行为通过参与市场经济活动，获得要素收入进而提高人力资本比重，是缓解相对贫困的重要因素（钱力，彭瑞峰，2021）。徐宏伟和唐铁山（2015）基于湖北省 1990～2012 年相关数据，对影响湖北省农村剩余劳动力转移的因素进行实证分析得出农村居民人力资本水平显著推动了农村剩余劳动力转移。

文化教育水平越高，对新鲜事物和物质生活追求更强烈，从而外出工作可能性就越大。当前，我国存在大量文化程度不高的农村剩余劳动力，重点从普通话推广与提高信息获取等方面培育，提高农村劳动力的受教育水平可以促进劳动力转移（刘金林，马静，2021）。职业技术培训可以提高农村剩余劳动力的综合素质和核心竞争力，有利于加快进城务工人员的社会网络融入，减少农民工摩擦性失业的持续时间，降低农民工寻找合适工作的成本，可以在既定工资收入水平，提高农民工迁移的货币化收益，为其向城镇迁移注入"间接"动力。职业培养可以促使劳动力在心理、地域上全面转移，因此要围绕终身职业培训（郑爱翔等，2016）。

通过微观角度的人力资本去解释劳动力流动成因，相对于二元结构理论从宏观角度出发解释，更具有一定合理性。但该因素过分强调个人因素对于劳动力转移的影响，忽视了家庭和制度等政策的影响。

6. 房价。中国住房价格上涨具有"非平稳性"和"异质性"两个核心特征。区域间房价差异，在一定程度上暗指城市间劳动力的住房成本存在着相对的高低之分，这会间接改变城市劳动力的预算约束，进而会做出有利于改进自身效用的流动选择。

首先，普遍学者认为房价对农村剩余劳动力的影响显著为负。李勇刚（2016）研究发现城市高房价抑制了农村剩余劳动力转移并存在显著的区域异质性。其次，一些学者房价对劳动力迁移既存在"吸引效应"又存在"驱赶效应"。张莉等（2017）认为，房价对劳动力转移具有拉力和推力，在两种作用下房价对于劳动力转移影响呈 U 型，兰宗敏等（2021）进一步指出，这种影响在不同规模、不同经济发展阶段、不同区位城市的异质性。许烜（2014）指出，农村劳动力的转移会增加输入区域的城市房价水平，同时，农村转移劳动力在空间区域上的集中还会对周边区域的城市房价存在一定的正向空间外溢效应。

7. 户籍制度。制度约束是理解中国劳动力流动非常关键的环节（陆铭，2011）。我国的户籍制度建立于 1958 年。户籍制度实质是一种城乡隔离制度，它不仅是在地域上的隔离，更是在国民福利待遇上的隔离（朱劲松，2010）。户籍制度曾经是我国劳动力流动的巨大障碍，造成我国城乡二元结构分割现状（孙文凯等，2011）。户籍制度阻碍作用具体体现影响了劳动力资源的合理市场配置、制约了经济上的公平性、导致了劳动力转移的高成本等方面，它致使城市、乡村两个系统相互独立，割断了生产要素的合理流动，农村的发展处于从属地位。户籍制度改革会带动农村居民将大量向城市转移，促进城镇化进程，优化我国城市层级体系（梁琦等，2013）。进一步减少流动障碍，促进农民工合理流动将有助于提升我国的经济增长潜力，改善我国 GDP 中劳动收入占比较低的局面，有助于提高国民收入分配的公平性，缩小城乡收入差距（杨昕，2015）。

（四）劳动力转移产生的影响研究

1. 农民收入差距和区域发展不平衡。改革开放 40 多年来，农民可支配收入显著提升，但近年来，区域经济发展和农民收入差距一直在扩大。针对这一观点，不同学者持有不同观点和看法。较早前，学者们认为城乡居民收入差距和劳动力转移呈现倒 U 型关系。刘劭睿等（2021）指出，劳动力转移对城乡收入差距是呈非线性影响。

学术界普遍认同劳动力转移会作用于城乡收入差距，但是扩大还是缩小城乡收入差距，学者出现分歧。一部分学者认为劳动力转移缩小了城乡收入差距，一般从人力资本效应、规模经济效应、条件瓶颈效应和资本回流效应等四个方面进行阐释影响机制（胡小丽，2021）。杨胜利和高向东（2014）利用实证方法推算出劳动力转移会增加农民收入，减少农民收入差距，有利于缩小城乡收入差距。认为劳动力转移会缩小城乡收入差距，教育投入再分配会造成劳动力转移、会缩小城乡收入差距。陈宏伟和穆月英（2020）基于收入相对剥夺理论，指出劳动力外出务工改善城乡收入不平等。

另一些学者则认为，劳动力转移会扩大城乡收入差距。蔡昉和王美艳（2009）指出，由于现行的调查制度缺陷，导致城市收入高估和农村收入低估，进而城乡收入会扩大。蔡武和陈广汉（2013）利用新空间地理理论，研究得出劳动力转移会通过产业集聚作用扩大城乡收入差距。韩军和孔令丞（2020）在分析制造业转移、劳动力流动与城乡居民收入差距三者之间关系时得出，劳动力转移会带来的城乡收入明显增加，但收入效应城乡具有异质性，会扩大收入差距。

2. 对经济作物和粮食作物的影响。粮食是一个国家的命脉，只有稳定粮食供给才能更好发展经济。缩小城乡收入差距并提高农业生产率是我国城乡协调发展的重要内容。学者对于劳动力转移对粮食作物影响存在一些观点分歧，一些学者持有观点认为劳动力转移会降低粮食产量。首先，农业部门从业人数降低。传统农业经营活动，劳动力供给数量是绝对粮食产量的核心要素投入（耿宇宁，2019）。非农就业和兼职就业人数增加一倍就会造成土地撂荒增加约一半概率，进而会对粮食产量稳定产生不利影响。其次，过量使用化肥和农药。由于，人多地少的资源禀赋约束条件下，农业生产活动主要依赖农化产品，降低了小麦环境生产效率。相对农业机械技术，生化产品是土地节约型技术，粮食作物产量稳定供给需要高生产率保障，因而劳动力转出区对生化产品高度依赖，劳动力从土地中脱离出来，但对粮食产量影响不显著（廖开妍，2020）。最后，降低农业全要素生产率。劳动力转移显著强化了城乡收入差距对于农业生产率的抑制作用。范东君（2013）通过分析指出，就全国整体而言，"刘易斯转折点"已经到来，农业人力资本与粮食产量呈正相关，说明农村劳动力大规模流出则会降低农业全要素生产率。徐苗苗等（2021）从苹果生产率角度研究，得出劳动力转移会抑制苹果生产率，进而会产生苹果供给数量和价格的不稳定。

另一些学者则认为劳动力转移会显著提高粮食产量。持这种观点学者认为通过劳动力转移可以缓解农村地区"内卷化",缓解人多地少现状,进行规模化经营,提高粮食技术生产效率(樊祥成,2017)。彭代彦和文乐(2015)从粮食生产角度来讨论劳动力转移会带来粮食生产规模化、集约化、机械化、组织化、社会化程度提高和新型农业生产要素进入粮食生产领域以及粮食生产宏观条件改善而对粮食生产具有积极影响。程名望(2015)认为通过降低农业投入要素,可以提高农业资本生产效率和保护有限耕地资源,进而可以应用先进农业技术。少数学者认为劳动力转移没有影响粮食产量,指出影响粮食产量的主要因素分为技术进步、播种面积、受灾面积和财政支持力度等(姜德波等,2017)。

通过回顾不同学者的研究,会发现劳动力转移对农作物产量会产生不同影响。其原因主要是对于"刘易斯拐点"有无到来的判断,中国农村劳动力转移和粮食稳定增产存在一致性趋势。要发挥劳动力市场决定性作用,进行土地制度创新,利用好国内国际两个市场,从而保障我国粮食安全。

(五)劳动力转移对农村贫困的影响

我国是农业大国,经过多年的拼搏和奋斗,绝对贫困问题已经消失,但相对贫困问题仍是阻碍我国经济协同发展的阻碍。解决"三农"问题和贫困问题,走出一条具有中国特色的反贫困之路,对促进社会公平、实现发展成果由人民共享具有重要意义(齐长安,2020)。1978~2017年,我国农村贫困人口减少7.4亿人(来源于国家统计局)。伴随着刘易斯转折点的到来,通过劳动力转移降低农村贫困程度面临许多挑战(贾朋等,2016)。解决相对贫困问题不应该仅仅强调农民绝对收入的增加,更应该注重农民相对收入差距的缩小和脱贫观念的改善(苗欣,吴一平,2021)。学术界一般都认为劳动力转移对于农村贫困问题,既有积极的一面,又有消极的一面。

劳动力转移仍是农户提高收入、摆脱贫困的重要途径之一。持有积极促进作用的学者,认为通过空间溢出效应、制度改革对贫困发生率、贫困深度和贫困强度等方面有显著影响,廖文梅等(2020)指出,劳动力转移能提高农民收入，储蓄率会提高，降低贫困程度，但减贫效果随着劳动力转移距离逐渐减弱。将土地要素优化配置改革促进经济增长的现有研究从农地领域拓展到集体建设用地，从多个方面评估减贫效应，并探讨了中间作用机制及其差异化影响。任碧云和孟维福（2020）认为，包容性金融发展不仅能够直接降低农村贫困水平，而且通过农村劳动力转移的中介效应间接降低农村贫困水平。彭建交（2020）认为，农村贫困程度随着劳动力转移数量增加逐渐减缓。农村劳动力转移能显著增加农户家庭收入水平。

另一些学者则认为，劳动力转移会加剧农村贫困程度。近年来，随着农村剩余劳动力的转移，出现了一系列新现象，在不同程度上产生了土地荒芜、闲置，部分农业生产者不愿从事农业劳作的情况（魏万青，2021）。王天义等（2021）指出，在城乡差距不断加大和城镇化的发展中，农村中的更多劳动力转移至城镇，使农村的经济发展受到了较大的负面影响。何田等（2020）贫困山区可以通过劳动力转移来增加收入，但也会带来人才流失。赵曼（2016）则认为，大量人才流失会导致农村发展受限和限制贫困家庭的发展，增加了家庭贫困的概率。樊士德和金童谣（2016）指出，劳动力外流会使农村老人和儿童福利受损。张桂文等（2018）指出，劳动力转移促进农业规模经营，提高农业收入，增加非农收入，提高农业劳动生产率和调整农村产业结构，促进人力资本投资，降低农业人口占比，提高农民的政策影响力，从而减少农村贫困。

二、农村转移劳动力回流的研究

（一）农村转移劳动力回流的现状研究

进入 21 世纪以来，我国人口迁移的空间格局发生了重大转变，跨省迁移的农村劳动力比例在逐年下降，而回流劳动力的数量在逐年增加，回流劳动力群体具有不同于流出地与流入地的人口结构特征，且多数属于主动回流（吴瑞君，薛琪薪，2020）。这些回流劳动力的再就业存在着较大的差异，其中约有 50% 的回流劳动力会重新从事与农业相关的工作，选择受雇于固定雇主类工作和创业类工作的回流劳动力分别约占 24% 和 16.76%，而失业的回流劳动力约占 13.26%（谢勇，周润希，2017）。回流劳动力的非农就业更倾向于选择以生产性服务业为主的自营性或工资性活动，这在一定程度上促进了农村土地流转，提高了土地资源的配置效率（贺小丹等，2021）。尽管近年来我国回流劳动力的数量在不断增加，保障机制在不断完善，但农村劳动力的回流依然面临着种种困难。劳动力回流面临着农村城镇化滞后、资本积累不足、资本下乡难等困境，这些问题存在的背后是受到了多维的制度性因素影响（聂飞，2018）。同时因身份认同与发展诉求方面仍存在一些"失落空间"，可能引发回流劳动力的再度离乡，使农村遭遇"二次空心化"危机（杨伊宁，2020）。面临这些由于经济发展程度、传统思想观念、公共服务落后等因素造成的回流难问题。应当积极加强思想引导工作，健全政策支撑体系，发挥农村劳动力回流在乡村振兴中的助力作用（胡佩，2020）。

（二）农村转移劳动力回流的影响因素研究

农村转移劳动力回流的影响因素复杂多样，学者们从不同的视角对其进行了研究，具体可以从宏观、微观和中观三个层面进行概括。

在宏观层面。农村劳动力回流主要受到如宏观经济政策和国家经济形势等因素导致的经济波动影响。如 2004 年国家相继出台了多条惠农政策，这些政策加大了农业税减征、免征力度，使得农村劳动力的人均收入有了大幅提高，部分外出农村劳动力在权衡利益之后，选择了风险小、能够与家人团聚的回流务农（刘铮，2006）。再如 2008 年金融危机后，我国出现了农村劳动力的回流潮。学者们认为，这种现象产生的原因，一是随着我国产业结构转型升级的加速推进，很多沿海发达地区的企业对劳动力的人力资本有了更高的标准，那些人力资本水平较低的农村转移劳动力受到了流入地向外的推力（张世勇，王山珊，2019）。二是随着中部崛起、西部大开发战略及其配套政策的实施，中西部地区的工业经济发展水平迈上了新的台阶，充足的就业机会为农村劳动力本地就业创造了便利，对农村转移劳动力回流产生了向内的拉力（刘传江，黄国华，2016）。在东南沿海地区的推力和中西部地区的拉力共同作用下，越来越多的农村转移劳动力选择主动回流就近就业，进而产生了农村劳动力的回流潮。此外，在乡村振兴战略深入推进背景下，国家实施农村承包地"三权分置"有效解决了"两权分离"背景下承包经营权的双重属性难题，有利于降低承包地撂荒面积以及提高承包地利用效率，达到城乡要素的双向流动，进而也提高了农村转移劳动力回流的概率（张广辉，陈鑫泓，2020）。

在微观层面。农村转移劳动力的回流是自身决策的结果，受到人力资本、家庭状况和社会资本等因素的影响。人力资本因素对农村劳动力回流行为存在显著的影响，具体表现为受教育程度低、劳动年限长、具有非农技能的农村转移劳动力回流概率更大（李敏等，2021）。在家庭状况中，家庭人口规模小、家庭社会资本低和家庭未经历过拆迁的农村转移劳动力更容易产生回流行为（甘宇，2015）。此外，相较于单独外出务工的农村转移劳动力，那些家庭整体性迁移的农村转移劳动力会考虑较多的现实性问题，进而对他们的回流决策产生影响，这些现实问题包括照料老人、抚养子女、解决家庭住房问题等（张丽琼等，2016）。在社会资本中，"原始社会资本"指农村转移劳动力流入务工地之前在农村积累的社会关系网络，其特点是以血缘和地缘为基础建立起来的较小范围的人际关系。"新型社会资本"则是农村转移劳动力流入务工地之后在城市形成的社会关系网络，其特点是以工作和区域为基础建立起来的较大范围的人际关系（叶静怡，周晔馨，2010）。上述两类社会资本对农村转移劳动力回流均具有明显的抑制作用，但新型社会资本的影响更大（侯婉薇，2020）。

在中观层面。家乡和务工地因素也会对农村转移劳动力回流产生影响。家乡农村拥有更好的发展前景、更多的经济效益等因素会增加农村劳动力进城的机会成本，进而提高其回流的概率。同时随着农村互联网的普及和移民网络的完善，为农村劳动力在城市与农村之间来往创造便利，能提高农村转移劳动力的回流概率（尹虹潘，刘渝琳，2016）。此外，工作的稳定性与生活的便利性也会影响农村转移劳动力的回流决策，那些家乡就业机会越多，距离县城越近的村庄,其农村转移劳动力回流的概率越大(殷江滨,李郇,2012)。务工地点与市区的距离和农村转移劳动回流的概率在一定程度上呈现出正相关关系,农村转移劳动力的务工地距离市区越远,由于生活的便利性受限,其选择回流的可能性越大(方黎明,王亚柯,2013)。

(三)劳动力回流形成的原因研究

改革开放40多年来,劳动力在城乡之间流动呈"钟摆"趋势(雷鹏飞,赵凡,2020)。随着国际金融危机和中国劳动力成本上升,部门劳动力密集型产业开始从我国转移到东南亚地区,虽然劳动力转移总趋势是外流,但是随着2008年金融危机之后,开始出现部门劳动力回流现象(杨忍等,2018)。而随着时间的推移,城镇相关企业发展遇到瓶颈,对于劳动力的吸收能力已经大大减弱,城镇出现失业问题,农村居民在城镇的发展前景大不如前,同时为了实现城乡协调发展,中央提出新型城镇化战略,而且在党的十九大报告中明确提出实施乡村振兴战略,以更好地解决"三农"问题。相关战略实施之后,新农村的基础生活设施得到了较大改善,乡村优越的自然条件、空气质量等因素也使得农村劳动力向城镇转移的动力逐渐减弱,部分农民工开始返乡就近就业。于是,针对劳动力回流现象,学者从不同视角切入进行研究,大多学者普遍认同个人和家庭主观因素、制度和政策环境等客观因素是影响劳动力返乡的主要因素。

劳动力回流不仅是分析户籍制度改革对经济结构影响的关键,也是复杂的劳动力市场供需变动过程。首先,个体特征如文化程度不同、健康程度等会影响个人回流决策。有学者发现,具有初中学历女性更容易外出打工(袁霓,2009)。研究也发现对于健康状况会影响农村劳动力迁移,健康较差的劳动力会选择回流到乡村。其次,劳动力所拥有的资源禀赋也会影响劳动力回流(黄敦平等,2021),如家庭资源禀赋和社会资源禀赋。康姣姣等(2021)利用"推—拉"理论指出,由于存在非农就业不稳定的推力作用和照顾老人及子女等非经济因素的拉力作用带动劳动力回流。东部沿海地区产业结构调整,丰富的外出工作经历所积累的技能,使得劳动力回流顺利承接产业转移

（石智雷，杨云彦，2011；殷江滨，李郇，2012）。最后，乡村振兴政策实施后，乡村旅游业发展会促进劳动力回流，并且资源禀赋越丰富，回流迁移概率越大。因此，合理引导劳动力回流返乡建设美丽农村，是实现乡村振兴战略目标的重要手段之一。

三、农村转移劳动力回流创业的研究

（一）农村转移劳动力回流创业的动因研究

学者们从不同的视角研究农村转移劳动力回流创业的动因。从个体层面看，张秀娥等（2010）认为，农村转移劳动力之所以会选择回流创业，最根本的动机是创业个体可以获得充足的经济收益，这一动机在回流创业初期表现得更加明显。而江立华、陈文超（2011）认为，农村转移劳动力回流创业的动机形成于创业者对经济效益的追求、稳定生活的向往和个人价值的满足，这三种激励因素的相互作用构成了回流创业内在机制的"三位一体"模型。李彦娅、谢庆华（2019）认为，农村转移劳动力回流创业的实质是基于自身条件在权衡创业利益和务工收益两者后做出的理性决策，主要包含情感的归属、自我价值的实现、经济利益的追逐等因素。史苏（2020）将农村转移劳动力回流创业的动机概括为两类，分别为内在动机和外在动机，内在动机包括创业者对美好生活的向往和家乡情怀的追求，外在动机包括国家创新创业政策的落地和乡村振兴战略的执行。从家庭层面看，夏柱智（2017）认为，农村转移劳动力回流创业是以家庭为基础的劳动力利用，并将其动因归结为三类，分别为农村转移劳动力的选择成本较低、家庭劳动力的责任心问题、家庭劳动力兼业经营的韧性较差。毛一敬（2021）在研究青年农村转移劳动力回流创业时，认为青年回流创业的类型包括在家庭本位主导下的生活导向型与自我实现推动下的兴趣导向型两种，并在创业驱动力、创业空间选择、创业经营模式等方面具有差异性。从社会层面看，张秀娥等（2010）认为，农村转移劳动力在第一次回流创业获得丰厚的经济资本后，第二次创业会更加注重创业带来的精神上的满足感，包括提高身份、取得成效、赢得声誉、获得推崇、得到认同等。刘美玉（2013）认为，农村转移劳动力回流创业是为了满足自我实现的目标，这体现了创业者的社会责任意识，通过回流创办企业带动家乡贫困人口脱贫就业，最终改变家乡贫困面貌。窦德强等（2020）认为，难以融入城市生活等社会性因素是农村转移劳动力回流创业的重要动因之一，主要包括城市就业越来越困难、城乡二元制度下对城市缺乏归属感、劳动权益得不到很好保障、生活成本的上升等。

（二）农村转移劳动力回流创业的绩效研究

学者们对农村转移劳动力回流创业绩效的研究主要涉及两个方面，一是如何衡量回流创业绩效，二是哪些因素会影响回流创业绩效。

学者们多从经营绩效的角度来衡量农村转移劳动力回流创业绩效。周建锋（2014）通过构建不同的偏好权重系数，将回流创业所产生的财富、社会和自然效益值加权处理后产生的综合值，作为衡量回流创业对农业生产方式转变的客观标准，建立了农村转移劳动力回流创业绩效评价模型。谢勇、杨倩（2020）认为，农村转移劳动力回流创业绩效的衡量标准通常包括利润率、资产回报率、营业收入、就业规模等方面。但同时也要考虑到农村转移劳动力的创业形式通常是以个体工商户、小微企业进行的，生产经营规模相对较小，财务统计不规范等因素对创业绩效产生的影响。刘志阳、李斌（2017）在研究创业模式与农村转移劳动力创业绩效之间的关系时，使用创业者创业收入来测量创业绩效，发现经验驱动模式下的创业绩效优于资源驱动模式下的创业绩效。

学者们从不同角度研究农村转移劳动力回流创业绩效的影响因素。何晓斌等（2021）在研究电子商务对农村转移劳动力回流创业绩效的影响机制时，采用回流创业主体在最近一年的营业收入和净利润作为经营绩效的指标，发现电子商务能显著提高回流创业个体的经营绩效。芮正云、方聪龙（2017）则采用创业者自主评价的方式，通过将创业者与其主要的挑战者在各个方面进行对比，来具体衡量创业者的创业绩效，进而研究不同维度的创业资本与创业绩效在创业弹性影响下发生的关系变化。王轶等（2020）在研究人力资本对农村转移劳动力回流创业绩效的作用时，发现创业者的受教育程度、创业培训、身体健康状况及其外出工作或创业职务回流创业者的经营绩效产生显著影响。戚迪明、刘玉侠（2018）同样研究人力资本对回流创业绩效的影响，发现创业者的初始人力资本对回流劳动力的创业绩效有显著的正向影响，而且这种正向影响是通过政策获取这一中介变量来影响回流劳动力的创业绩效。石丹淅、王轶等（2021）研究学历水平和务工经历对农村转移劳动力回流创业绩效的影响，发现农村回流创业者的学历水平每提高一年，回流创业绩效提高2.6%，务工经验每增加一年，回流创业绩效增加6.4%。甘宇等（2019）以经典明瑟收入方程为基准模型，同样研究学历水平和务工经历对回流农村劳动力创业绩效的影响，发现学历水平可以显著提高农村转移劳动力回流创业绩效，而工作经历作为人力资本积累的重要途径，在一定程度上弱化了学历水平差异造成的收入差异。邹芳芳、黄洁（2014）实证研究了回流创业资本的来源和类型与其创业绩效的关系。研究结果表明：内部社会资本、内部经济资本以及外部经济资本均能有效提高回流创业者的创业绩效。马红玉、王转弟（2018）将社会资本划分为社会信赖、社会关系网、社会共赢、社区向心力和社会援助五个维度，研究社会资本对农村转移劳动力回流创业绩效的影响。结果表明：社会资本的五个维度均能显著促进农村转移劳动力的回流创业绩效，其中促进作用最大的是社会共赢和社会援助。朱红根、康兰媛（2013）从心理资本的视角，实证分析了农村转移劳动力的创业动机与回流创业绩效的关系。研究发现创业动机能够显著影响农村转移劳动者的回流创业绩效。进一步将创业动机划分为生存、成长和价值三种类型，发现具有成长创业动机和价值创业动机的农村转移劳动力，比具有生存创业动机的农村转移劳动力在回流创业绩效方面表现得更好。陈梦妍等（2019）采用结构方程模型，分析了新生代农村劳动力的心理资本对创业绩效的影响，结果发现心理资本可以提高农村转移劳动力识别创业最佳时机的能力，进而对创业绩效产生显著的正向促进作用。

（三）农村转移劳动力回流创业的模式研究

受区域间经济发展水平差异的影响，农村转移劳动力群体对回流创业模式的选择各不相同。闫芃燕、魏凤（2012）在分析我国西部地区农村转移劳动力回流创业的现状和行业特点后，将其回流创业模式分别归纳为：培育和繁殖模式、采购和销售模式、大众服务模式、建筑与材料加工模式和餐饮消费模式五种类型。吕惠明（2016）在研究农村劳动力回流创业模式的主要影响因素时，同样将其创业模式划分为五种：分别为乡村休闲旅游、农业生产规模化、家庭手工业、现代工业企业以及居民消费性服务业。刘志阳、李斌（2017）为了研究农村转移劳动力回流创业模式与创业绩效之间的关系，将农村转移劳动力的回流创业模式划分为资源型和经验型，并得出结论：经验驱动型下的创业绩效优于资源驱动型下的创业模式。王轶（2020）认为，受新冠肺炎疫情的影响，依托"互联网＋"技术，很多线下发展的回流创业企业开始走向转型。随着今后疫情防控工作的常态化，农村劳动力回流创业将呈现出更多的"互联网＋"融合发展的新模式。佟光霁、邢策（2020）认为，处在不同发展阶段的回流创业企业，对资金的需求量也是不同的，为了有效提高农村转移劳动力回流创业的成功率和发展前景，需要建立一个以地方政府为主导的更加灵活高效的回流创业投融资机制。

四、农村转移劳动力回流创业意愿的研究

学者们对于农村转移劳动力回流创业意愿的研究主要集中农村转移劳动力回流创业意愿的转化机制和农村转移劳动力回流创业意愿的影响因素两个方面研究。首先，在转化机制方面，面对规模不断扩大的农村转移劳动力回流群体，提升回流劳动力的回流创业效能，关键在于如何有效地将其回流创业意愿转化为成功创业行为。汪昕宇等（2020）认为，农村转移劳动力的回流创业意愿的形成与创业机会有关，而对于创业机会的评估，大多数回流劳动力是基于可行性来理解的，进而采用目标导向型的方法整合资源将回流创

业意愿转化为创业行为。其次，在影响因素方面，张立新等（2016）在研究农村转移劳动力回流创业意愿的影响因素时，发现农村转移劳动力的立场、社会性和成就性动机、人力和经济资本以及政策环境对其回流创业意愿产生了直接影响，而生存性动机和社会资本对其回流创业意愿产生了间接影响。张若瑾（2018）将农村转移劳动力回流创业的金融支持途径划分为两类，分别为创业补贴和创业贷款政策，研究不同的金融支持途径对农村转移劳动力回流创业意愿刺激的差异性，结果表明：相较于创业补贴，创业小额贷款对农村转移劳动力回流创业意愿的刺激效果更明显，且这种差异还表现在对新生代和老一代的刺激效果上。张立新等（2019）研究创业环境在时间维度上与回流创业意愿的关系，发现农村转移劳动力的年龄和月工资对其现阶段和长期的回流创业意愿均具有显著的影响，而受教育水平只能在现阶段影响农村转移劳动力的回流创业意愿。冉建宇、童洪志（2021）同样研究创业环境对农村转移劳动力回流创业意愿的影响，发现创业政策扶持认知、创业资源支撑认知、创业社会支持认知能显著提升农村劳动力的回流创业意愿，而创业隐性成本负担认知对其回流创业意愿具有显著负向影响。朱红根（2011）关于外部环境对回流创业意愿的影响进行了实证研究，发现硬件设施水平、国民经济状况、风险投资环境和就业形势等外部环境因素对农村转移劳动力回流创业意愿产生了重大影响。苗薇薇等（2020）在研究农村转移劳动力的风险控制能力与其回流创业意愿的关系时，发现农村转移劳动力现阶段拥有较高的工资回报率及其满意度、信息资源和理性反应能力，对其回流创业意愿具有显著的促进作用。周宇飞（2017）研究了文化与农村转移劳动力回流创业意愿的关系，认为信息技术对农村的亲情文化造成了一定的冲击，进而降低了农村转移劳动力回流创业意愿。

五、关于贫困的研究

（一）贫困的内涵

对于贫困的内涵，目前学术界尚未给出明确的定义。贫困概念相对性和内涵广泛性给贫困的定义研究上带来了困难，在不同的国家和地区，因为受到地域因素和文化差异的影响，对于贫困的理解不同；而且在不同的时期，随着经济的发展和社会水平的提高，贫困线的界定不同，对于贫困的理解也会不同。关于贫困问题的研究，最初是从经济层面展开的，指出贫困是人们的收入不足以致不能满足基本生活的需要（左停等，2019）；收入贫困可分为绝对贫困和相对贫困，绝对贫困是指劳动所得或者其他方面的收入低于最低标准线，是一种生存型的贫困（吴传俭，2016）；而相对贫困是指人们收入水平虽然能够达到基本生活要求，但是不满足社会平均生活水准（罗必良，2020；宋妍，2020；赵然芬，2020）。由于经济不断地向前发展和社会的变革，绝对贫困标准线也处于变化之中，绝对贫困不仅是要满足基本生活需要，更要努力达到更高生活的水准（马丁·瑞沃林，1993）。随着学术界对贫困问题研究的不断深化，除了收入贫困之外，对于贫困内涵研究可概括为以下三种：能力贫困、权利贫困以及多维贫困（杨国涛等，2012），能力贫困指的是一种"可行能力被剥削"，丧失能够获得最低生活标准的能力（蒋雨东等，2021），而联合国发展计划署（UNDP）与阿马蒂亚·森（Sen）的关注侧重点不同，其认为无法获得包括物质福利在内的人类发展的机遇和选择的权利，强调自由的权利。还有研究贫困的学者认为，贫困不仅是收入上的缺失，更是在政治、经济、文化上基本权利的缺乏（郭熙保，2005）；权利贫困其实就是一种社会排斥，由于收入的低下，机会的缺失，无法在社会上享有平等的待遇和权利，遭到社会排斥（曾群，魏雁滨，2004）。

另外，还有学者从社会学层面阐述贫困问题，他们与经济学家的理解明显不同，他们更关注经济以外的需求（张永丽，徐腊梅，2019）。在《马克思恩格斯选集》指出，我们的需要和享受需要从社会角度衡量。当前，大量学者对单一维度的贫困研究展开了大量研究和探索，取得了丰硕的成果，但是在当今时代对于贫困问题的研究仅仅从单一维度"收入不足"已经不能满足社会发展的需要，需要从多角度、多维度去看待贫困问题。多维视角的贫困除了关注个人或者家庭的经济状况以外，还应该关注教育状况、健康水平、交通便利度等（高强，孔祥智；2020）。

综上所述，对于贫困的理解可以从不同角度来阐述，可从收入、权利、能力及多维视角上来看，这几种角度其实并不是相互独立的和互为替代的，而是一种互为补充的关系。结合以上分析，当前的贫困问题可划分为两种剥夺：一种是生理上的，衣、食、住、行等基本条件得不到保障。另一种是社会形式上的，政治、经济、文化上的权利丧失，遭到社会排斥。结合两种剥夺，共同概括出了贫困的内涵。然而，大部分国内外学者对于贫困问题的研究只会关注两个方面：一是关注物质的需要，二是侧重于致贫的制度性因素；他们忽视了人们最基本的精神生活的需要。基于此，贫困其实是指在制度因素和非制度因素共同作用下时，个人或者家庭不能够达到社会最低的生活标准。这个相比传统上对于贫困的定义，避免了只关注物质资料的需求，而忽视了对于精神生活追求的狭隘境地。

（二）贫困的类型

按照不同的标准，贫困有多种划分标准，按照贫困程度划分，贫困可以划分为绝对贫困和相对贫困（吴振磊，王莉，2020；孙久文，张倩，2021）。其中绝对贫困是指劳动收入或其他方面的收入远远低于社会平均水平，无法满足基本的生活需要。而相对贫困是一种主观性的评价，是指低于社会平均水平的社会生活状况，相对贫困对于贫困的评价不仅局限于收入的单一维度，而且更加关注不同维度上的功能缺失，如教育、医疗、住房等。相对贫困具有动态性特征，随着社会经济的不断发展，相对贫困会根据社会生活水平的整体变化而改变（向德平，向凯，2020）。在此基础上，衍生出了"能力贫困"和"权利贫困"的概念（闫鸿鹏，2019）。在对绝对贫困和相对贫困的分析中可以发现，绝对贫困是一种客观标准，相对贫困是一种主观标准，相对贫困是一种相对的绝对贫困，是个人的平均收入低于社会最低水平的一种状态；绝对贫困和相对贫困不是不可分割的孤立的一部分，两者必须联系在一起去理解。开始的贫困研究必然是绝对贫困，当个人"必需品"的数量不断增大，最终会转向相对贫困。随着时间的推移，经济的不断发展和社会的不断进步，绝对贫困最终会被消除，经济发展对贫困问题的影响和我们 2020 年全面脱贫、全面建成小康社会的目的就是最好的证明，但是相对贫困只能减缓不能被消除。

以贫困对象不同作为划分标准，又可以划分为人口贫困和区域贫困，两者从微观和宏观的角度阐释贫困（杜国明等，2018）。人口贫困是以微观个体作为研究对象，某个个体的收入水平低于社会平均水平，无法满足基本生活的需要。而区域贫困是地区性的贫困，是地区。整体收入水平差、基础设施不完善、人力资本匮乏、经济发展滞后。受恶劣地理环境影响，区域经济的发展受到极大的限制，区域贫困是对贫困内涵的拓展和延伸（张博胜，杨子生，2019）。

再者，贫困还可以划分为单一贫困和多维贫困（赵榕等，2020）。贫困最开始的研究是以收入为标准，收入的多少决定了贫困与否。但是随着经济的发展和社会的进步，越来越多的学者认为，"收入"并不能作为评判贫困的唯一标准，贫困是一个复杂的问题，不能够仅仅从单一维度出发，他们认为应该从多维度去考虑贫困问题（牛胜强，2018；韩克庆，唐钧，2018；方迎风，周少驰，2021）。谭诗斌（2019）在《现代贫困学导论》曾指出，现代穷人多维度的贫困，主要包括四个方面，即资源、机会、能力和权利贫困。贫困不仅是收入的低下，更是教育的缺失，医疗得不到保障。没有良好的教育，大概率只能做社会底层工作，就会丧失能够获得更高收入的机会；同样，医疗条件得不到保障，一旦患病，将会丧失获得收入的劳动能力；最终都是导致贫困（胡志平，2021）。

除了绝对贫困和相对贫困饱受争议以外，近年来，也有学者对暂时贫困和持久性贫困展开了研究，它们是以贫困持续时间的长短来划分的（张立冬，2013）。暂时贫困是指因受重大意外变故而造成的暂时性的贫困，通常而言，贫困持续的时间较短，稍加努力可以迅速摆脱贫困，具有偶然性和短期性的特征。《1990 年世界银行发展报告》指出，贫困人口在五年以上的时间里经帮扶仍然无法摆脱贫困，我们称之为持久性贫困。其具有长期性和固定性，持久性贫困对一个人的贫穷程度影响更大，贫困程度更深，短期内很难消除贫困（潘从文，胡棋智，2010）。

（三）贫困的测度

绝对贫困和相对贫困是贫困发展的两个接连阶段，2020 年我国脱贫攻坚取得了阶段性的成果，消除了绝对贫困。在消除了绝对贫困后，我国贫困治理的重点转向了相对贫困，无论是绝对贫困还是相对贫困，贫困识别是重中之重。贫困测度的前提是贫困识别，只有识别哪些人口为贫困人口才能确定贫困程度。如何对贫困进行精准识别？这样就需要有衡量贫困的客观标准，贫困的标准可以判断国家、地区、个人是否贫困，又可以称为贫困线。贫困标准是贫困测度的基础，在进行贫困测度之前，有必要对贫困的标准进行探讨，参考不同的标准，贫困的测度方法不同。

单一维度（物质）测度和多维视角测度是目前两种最为常见的测度方法，首先，单一维度的测度方法主要从收入和消费角度出发，根据生活必需品的价格确定的一个固定的标准，一旦收入低于能够购买社会必需品的最低价格时，就认定为贫困（张博胜，2021）。当然，国际上对贫困的测度也有一个客观的标准，世界银行（1990）以购买力平价法（PPP）对世界上最贫困的 12 个国家展开调查，以每天的最低消费作为标准，最开始是 1990 年的每天 1.01 美元，然后随着经济的发展和社会的进步，每天的最低消费线有所提高，1994 年的 1.08 美元、2008 年的 1.25 美元，到 2015 年的 1.9 美元每天（欧阳德君，2019）。基于恩格尔定律的理论基础，随着经济的不断发展和收入的不断提高，通常食物支出占家庭消费总支出的比率会减少；所以很多学者认为，当一个家庭的食品支出占总支出的比例超过 1/3 的时候，则该家庭就陷入了贫困（Watt，1967）。在荷兰的社会体系中，许多贫困家庭可能会因为新能源成本的上升，导致自己生活的固定成本不断增加，最终低收入群体无法支付高额费用转而贫困。固定成本和收入的比率也是衡量贫困的重要标准，一旦家庭的固定收入比超过了 0.5，这个家庭最终会处于贫困状态。还有一种对于单一维度贫困测度的方式是通过用收入和支出的比例来衡量，一旦家庭支出和收入的比率大于 1，说明该家庭入不敷出，陷入贫困（宋颜群，2021）。

其次，阿马蒂亚·森（Sen，2001）的"能力贫困"相关理论是研究多维贫困测度问题的基础，他指出收入并不是导致贫困问题的根本原因，但是获取收入的机会和能力会因为贫困而不断减少；他的理论改变了人们对多维贫困问题的看法，越来越多的学者展开了对多维贫困问题的探究，并逐步形成了对一系列对多维贫困测度的方法。但是对于相对贫困的测度问题还未形成一个统一的标准，不同经济发展水平和不同发展模式的国家或者地区有相应不同的测度方法（孙久文，张倩，2021）。例如，在日本，对于相对贫困的测度标准是家庭人均消费支出小于中等收入家庭的60%。在美国采用了一种绝对贫困和相对贫困相结合的方法，美国联邦政府采用的最主要的方法仍是通过收入能否满足最低生活标准来评定的，而且贫困线会根据家庭规模和家庭中未成年儿童的数量来调整；英国的相对贫困线是通过国民人均收入中位数的60%来评定的（汪三贵，刘明月，2020）。而在我国对于相对贫困测度问题的研究是以绝对贫困测度的标准为基础展开研究的（丁建军，2014）；张青（2012）基于洛伦兹曲线确定相对贫困人口比率，其认为相对贫困线应定为社会平均水平的30%～40%。2020年后我国农村相对贫困问题依旧较为突出，对此基于基尼系数法，对相对贫困线的划分采用两区域、两阶段法（孙久文，夏添，2019）；还有学者从基本生活需求视角出发，运用ELES法对新时期中国的扶贫标准线进行了探讨，通过采用"绝对的相对贫困标准"来增强操作实践性（林万龙，陈蔡春子，2020）。

相对而言，单一维度的物质贫困比多维贫困更容易测度。首先，单一维度的物质贫困主要从收入和消费的视角来看，收入和消费的数据容易得到，数据来源广泛，容易测度。但是对于单一维度贫困的测度，所反映的贫困内涵不全面，贫困的状况不完整，很多方面可能均无法展现。相反，多维贫困能够反映一个人或者群体的贫困状况，但是对于多维贫困测度所需要的数据来源很难得到，现实中很难实现对于多维贫困问题的测度。

（四）贫困致贫机理

贫困致贫机理一直是大量对于反贫困事业研究学者探索的重点工作，只有有效地把握致贫机理，才能更好地开展贫困治理工作。当前，学术界关于贫困致贫机理的研究已十分丰富，学者们从不同角度阐述了贫困发生的原因；主要从以下几个方面进行分析：

经济原因：尽管经济增长不是减少贫困的充分条件，但是可能是必要条件（骆明婷，2021），一国或者一地区经济水平的提高有利于减少贫困问题发生的概率（Bourguignon，2003）。

地理原因：地理禀赋是不容易缓和与改变的，在贫困的发生过程中占支配性地位（李春根，2019），郑长德和单德朋（2016）指出，地理条件是影响区域经济发展的重要因素；大多数农村贫困地区致贫原因是受到地理条件的限制，农业发展落后、生产效率低，再加之交通不便，劳动力转移困难，家庭收入低，易引发贫困（高军，李忠东，2014）。

个体原因：自身能力不足是导致人们陷入贫困的重要因素。由于自身能力的不足，缺乏工作技能可能会很难找到与之相匹配的工作，造成收入低下，丧失能够购买基本生活必需品的能力，陷入极度贫困的境地（邢成举，李小云；2019），大多数贫困人口文化素质水平低，市场经济意识淡薄，缺乏能够观察市场动态的能力（张利洁，2006）；但是自身原因并不是诱发贫困问题的根源，制度方面的欠缺是关键。

体制原因：农民贫困的原因是体制造成的不平等待遇，中国是一个二元经济特征异常明显的国家，城乡差距明显（孙宝强，2006），农村社会保障体系落后，因为农村没有医疗保险，农民们一旦患上重病，收入本就低下的农民更难以承担支付巨额医疗费用，家庭负担加重，导致农业生产滞后（张斌等，2021）。

政策因素：改革开放以后，我国鼓励东部沿海地区率先发展来带动中西部发展，并采取税收优惠政策吸引外资投资。但是东部沿海地区发展迅速，和中西部差距正不断扩大。从减贫效果上来看，不平等区域发展政策对贫困地区影响是双重的，东部沿海的优先发展一定程度上会促进贫困地区的发展，但是差距不断扩大不利于贫困地区建设和发展（李兰冰，2020）。

其他因素：很多贫困地区的人们思想保守，墨守成规，只愿意看到自己贫穷和落后的一面，排斥接受新事物和进步，甘愿受穷（韩佳丽，2019）。

（五）贫困治理机制

贫困治理是实现社会发展的重要关节，贫困不仅会制约个人的发展，而且会影响我国共同富裕实现的进程。因此，对于贫困治理方面的研究已经不仅仅停留在理论层面，更是我国乃是全世界人类能否实现富裕的实践问题。对于贫困治理机制国内外学者主要从以下几个方面展开研究：第一，经济增长是否有利于减少贫困发生的概率。依据库兹涅茨假说，经济增长存在倒 U 型，发展中国家经济发展水平往往处于倒 U 型的左侧（章贵军等，2021）；布吉尼翁（Bourguignon，2003）指出，经济发展有利于减少贫困，进一步完善了库兹涅茨假说。也有研究指出，一些国家的减贫成就得益于经济增长，但是一些经济增长不显著的国家和地区也减少了贫困（Cline，2004），通过以上分析表明，经济增长是减少贫困的必要条件，一个国家或者地区经济增长速度越快，贫困发生的概率则越小。

进入 21 世纪以来，中国的减贫事业所取得的成就引起了国内外学者的广泛关注。研究发现收入差距的缩小也有利于减小贫困发生的概率。王太明（2021）指出，收入差距对中国减贫事业贡献巨大，即便是经济发展繁荣时期，如果不控制收入之间的差距的缩小，最终也会影响减贫事业的进程。张建华（2007）通过对 1998～2003 年的中国农村不同收入水平和不平等条件下贫困的收入增长偏弹性进行了测度和比较，不难发现，收入不平等性对收入增长的减贫效应有直接的影响。根据家庭住户调查数据（1980～2001 年）结果发现，中国经济增长有益于减少贫困，而收入差距的扩大不利于减少贫困事业的进展（Ravallion & Chen，2007）；阮敬和詹婧（2010）利用 Shapley 方法分析经济增长的亲贫效应后，不难发现分配效应削弱了经济增长对农村贫困收入的拉动效应。基于中国家庭追踪调查（CFPS）在 2010 年、2012 年、2014 年样本数据实证分析了收入差距和经济增长之间的关系，进一步验证了之前的结论（江克忠，刘生龙，2017）；结合上述分析，收入之间的不平等会导致农村贫困人口的收入会在经济增长中份额缩水，不利于减贫（罗良清等，2022）。

贫困人口自身发展能力的提高也是贫困治理的重要举措（Schultz，1961）。自身能力不足是导致人们陷入贫困的重要因素。由于自身能力的不足，缺乏工作技能可能会很难找到与之相匹配的工作，造成收入低下，丧失能够购买基本生活必需品的能力，陷入极度贫困的境地（王琳等，2021）；因此，教育水平的提高是有必要的，教育水平的提高对于农村贫困人口增加收入、增加非农就业机会、消除贫困上具有重要作用（范和生，武政宇，2020）；还有研究表明，农村职业教育相比普通义务教育对于农村贫困家庭的投资回报率更高，政府应加大对于农村职业教育的财政支持力度，增强农村贫困地区的人力资本（赵兴龙，2019）；另外，社会保障水平的提高对贫困治理存在正向影响。人力资本中的健康水平对机械化水平不高的贫困地区影响较大（俞福丽，蒋乃华，2015）；健康资本有助于获得非农就业的机会，降低发生贫困的概率（叶兴庆，殷浩栋，2019）；苑惠娜（2009）指出，健康对农民工收入上存在着正向的循环机制，初始状态下健康状态越好，获得高收入的概率越大，反之亦然。综合以上分析：第一，政府应该重点关注对于落后地区贫困人口工作技能的培训；同时也要提高社会保障水平，让老百姓看得起病也治得起病。第二，巩固脱贫攻坚成果不返贫，政府应重点对"脱贫困难户""脱贫钉子户"予以加大政策和资金的扶持力度。

当前我国脱贫攻坚已取得了丰硕的成果，为世界贫困治理提供了宝贵的中国经验。2020 年是我国脱贫攻坚的决胜之年，我国取得了举世瞩目的成就，消除了绝对贫困问题。但是绝对贫困问题的消除并不意味着我国反贫困事业的终结，而是巩固脱贫攻坚成果事业的开始，脱贫摘帽不是终点，而是新生活、新奋斗的起点（林闽钢，2020）。我国目前贫困治理重心需要从绝对贫困转向相对贫困，巩固脱贫攻坚成果，推动相对贫困治理和乡村振兴紧密融合。

（六）劳动力流动减贫效应

劳动力和贫困之间的关系不管是在理论上还是在实践上都是社会关注的

焦点，当前劳动力转移现象是在社会上非常普遍的存在，与农村贫困有着千丝万缕的联系，农村因为受到地理因素的影响，生产率低，农民能够获得就业机会少；再加之我国是一个二元经济特征非常明显的国家，劳动力的无限供给和资本的匮乏是制约我国经济发展的重要因素。所以自改革开放以来，大量农村贫困地区的过剩劳动力转移至城市进行务工。

对于劳动力转移能否缓解贫困这一看法，当前学术界仍然存在争议，当前争论下主要有以下三种观点，缓解论、加剧论和不确定论。第一，缓解论；其认为劳动力流动可以缓解贫困问题，提高农民收入水平（蔡昉，2018；Stephen，2018）。首先，从宏观层面看，劳动力转移能够促进劳动力要素以及相关要素在社会生产中得到有效配置，提高部门生产效率，减少贫困发生的概率（薛卫军，2021），具体可表现为劳动力转移促进国民收入的增加（王恒，朱玉春，2021），又可优化农村产业结构，提高农村生产效率（高若晨，李实，2018）。在具体的劳动力减贫程度上，劳动力转移不仅可以缓解一般贫困，而且对于极端贫困的缓解也有正向影响（Sabates，2008）。其次，从微观层面看，农村贫困地区过剩劳动力通过劳动力转移获得的非农收入是家庭收入的重要来源（莫亚琳等，2020），同时也是贫困家庭摆脱贫困的重要手段（王恒等，2020），研究表明，劳动力流动会使得贫困收入降低 17%～20%（Bertoli，2014）。基于中国家庭追踪调查的微观数据（CF-PS），实证分析发现了劳动力转移不仅可以增加家庭收入，而且也可以降低贫困发生的可能性（樊士德，江克忠，2016）。

但是也有学者持反对观点，认为劳动力转移不仅不会缓解贫困，甚至会加剧贫困。其认为劳动力转移给农村贫困地区带来了巨大的社会成本，破坏了农村原本的秩序，加重农民的负担（Chinn，1979）；该观点认为劳动力转移的减贫效应取决于转移者的个人动机、流动的特征以及人力资本状况等（Stark，1985）。同时，一些学者指出，对于一些贫困户而言，其流动的成本和风险较大，并且受到外出能力的约束，不利于进行劳动力迁移，进而降低了减少贫困的可能性（李华晶，2018）；劳动力转移会使得大量农村劳动力和文化水平较高的知识青年流失，不利于迁出地农业的发展和农业生产效率的提高，最终会加剧贫困（李石新，高嘉蔚，2011）。只有当劳动力流动的转移收入大于在农村地区的边际产出时，劳动力流动减贫效应才显著（杨靳，2006）。

也有部分学者对于劳动力转移是否能减少贫困持有中立态度，他们认为农村贫困减少和劳动力流动之间并非简单的线性关系（Guriev S.，2015），劳动力流动的减贫效应对不同类型的贫困农户作用存在差异（李翠锦，2014）；劳动力转移能否减少贫困、改善贫困家庭的生活水平，取决于迁移的时间、地点、类型和动机（Haan，1999）。也就是说，劳动力转移对缓解贫困具有不确定性。

综上所述，国内外有关劳动力流动和贫困关系研究颇多，但是学界对农村家庭劳动力流动的减贫效应还没有统一的定论。从现有的研究成果上来看，大多数学者只关注劳动力流动减贫与否，却忽略了农村劳动力流动的"自选择"问题，劳动力流动会因为国家或地区的异质性特征影响减贫的效果。因此，充分考虑不同地区的异质性特征对于巩固我国脱贫攻坚的成果、确保不返贫具有重要意义。

（七）劳动力流动的减贫路径

农村劳动力转移给为中国经济发展和减贫事业推进提供了巨大动力，是实现贫困地区人口脱贫增收的有效途径。当前有大量国内外学者对劳动力流动的减贫路径展开了研究，取得了较为丰硕的成果，主要从以下几个方面展开：第一，劳动力转移是推动经济发展的重要源泉；经济增长是贫困减少的必要条件，劳动力转移加快了我国城镇化建设，对我国经济发展有积极作用（苏红键，魏后凯，2018），低成本劳动力也使得我国制造业在国际竞争中处于有利地位，拥有比较优势（都阳等，2017）；程名望等（2018）也指出，工业化和城镇化进程的加快促进了我国经济的发展，提高了人们生活水平，减少了贫困。第二，劳动力流动可以增加非农就业的机会，促进劳动力转移就业。刘易斯（Lewis，1954）在理论探讨方面将劳动力从农业生产部门转移至现代生产部门纳入经济研究的重要方面；自改革开放以来，城镇化进程的不断加快，吸引了大批农民工进城务工，大量农村剩余劳动力"非农化"

流动，增加了非农收入（韩佳丽等，2018），既减少了农村贫困人口数量，降低了贫困发生率，而且还给农村留守人员提供了空间和资源，推动了贫困地区发展，有效缓解了农村贫困问题（蔡玲松，2019）。第三，劳动力转移强化了城乡之间的互动性，是缩小城乡和地区收入差距的重要方式。研究发现，随着劳动力流动规模的不断扩大，城市的资金、技术等资源会给农村地区带来辐射作用；卡利（Cali，2013）进一步指出，城镇化进程加快能带动周边农村地区的土地价格上涨，增加农民的财产性收入。

随后，国内外学者对于劳动力流动是否能减少贫困展开了实证研究，结果表明：劳动力流动对农村贫困的缓解有正向作用。首先，从国外学者的研究看，采用 FGT 指数法对马来西亚 384 个农户展开调查发现，劳动力流动能够有效缓解农村贫困问题，但是一定程度上会加深农户收入之间的不平等程度（Mat，2012），基于印度农村贫困地区的微观调查数据，研究发现非农部门有利于打破农村极端贫困人口流动的障碍，这有助于增加他们的收入，减少贫困（Lanjouw，2013）。其次，从国内学者的研究上来看，大部分都是将农户调查作为相应数据来源，其从收入贫困角度展开研究，王建国（2013）通过对中国 9 个省份农村住户展开调查分析发现劳动力不仅能够使得贫困减少，而且会使得农村地区的收入差距缩小。

同时有学者基于中国家庭追踪调查（CFPS）样本数据，分析表明劳动力流动确实有助于提高农村贫困人口收入，缓解贫困，但发现在发达地区影响更显著，在欠发达地区边际贡献率更高（樊士德，江克忠，2016）。此外，还有学者从多维贫困视角劳动力流动是否能够缓解贫困进行了阐述分析，韩佳丽等（2017）通过对连片特困区调查研究发现，劳动力流动对贫困缓解确实有正向影响，但是存在一定的局限性。

通过对已有参考文献分析，不难发现绝大部分研究主要基于各个层面的数据，在不同的视角下利用计量统计分析工具实证分析农村劳动力流动的减贫效应，并得到了一系列丰富的结论和成果。但是对于农村劳动力流动减贫的传导路径，理论分析框架仍然缺乏系统性。特别是对于深度贫困地区而言，其内外部环境的特殊性决定了以往研究难以满足政策制定的现实需求。

第二章

农村转移劳动力家庭化
迁移的空间特征分析

改革开放 40 多年来，随着我国城市化进程的不断加快，农村转移劳动力规模也在不断扩大，从 1982 年的 657 万人增加到 2019 年的 2.36 亿人，农村转移劳动力为城市建设作出较大贡献。同时，人口流动模式也由早期的"独闯"模式转变到目前"一同谋生"家庭式迁移模式。其中，早期大多数农村转移劳动力是一个人的"独闯"，即将配偶和子女留在农村老家，在节假日期间返回家乡，而目前大量农村转移劳动力举家流动到城市。根据国家统计局报告数据显示，2019 年，我国家庭式农村转移劳动力规模约为 0.99 亿人，这从侧面反映出家庭化迁移已成为人口流动的显著特征。而家庭是社会的基本单元，家庭流动模式与家庭生命周期所处阶段紧密关联（林善浪等，2018）。家庭生命周期是一个具有丰富内涵的动态概念，既涵盖母家庭诞生、发展、分裂出子家庭的过程，也反映了母家庭孕育子家庭并消亡，子家庭的生命周期寓于母家庭之中，家庭也得以延续（林玉妹等，2010）。家庭生命周期依据家庭标志事件结婚、生育、子女离家，将家庭生命周期历程划分为未育夫妻型、夫妻与未婚子女型、未婚者与父母型等三类家庭，分别对应家庭生命周期的形成期、扩张期、逐渐萎缩期三个阶段（周春山，2020）。从家庭生命周期视角分析长三角地区农村转移劳动力家庭化迁移特征与规律，促进我国农村转移劳动力由暂时性迁移转向永久性迁移，有助于我国新型城镇化质量提升。

第一节　文献回顾

哈里斯与托达罗（Harris & Todaro，1970）城乡迁移理论认为个人迁移关注的不是最近的收入而是未来的预期收入，在考虑失业风险情况下会根据预期的收入差距做出迁移决定。而新迁移经济学理论模型则强调以家庭为基本单位，认为如果家庭从迁移中获得收益最大且风险最小，将会选择举家外出。当前对人口流动模式的研究也主要从家庭化迁移视角探讨了农村转移劳动力的家庭化迁移模式、家庭化速度以及家庭迁移决策的影响因素。从家庭化迁移模式来看，杨菊华和陈传波（2013）以核心家庭为研究主体，按照家庭成员是否共同居住为判断依据，将农村转移劳动力家庭化迁移模式分为家庭式迁移、半家庭式迁移、非家庭式迁移。此外，我国农村转移劳动力模式存在以家庭式迁移为主导，半家庭式迁移和非家庭式迁移所占比重低的特点（王文刚，2017；林赛南等，2019）。从家庭化速度看，农村转移劳动力家庭化速度呈批次性特征，农村转移劳动力外迁后平均约三年可接来第一批亲属，此后接来不同批次的亲属间隔时间将不断缩短，农村转移劳动力家庭化速度将不断加快（侯佳伟，2009；张保仓，曾一军，2020）。此外，较大的家庭规模和较多的未成年子女数据将会延缓农村转移劳动力家庭化进程（盛亦男，2014）。从家庭化迁移决策看，家庭规模（盛亦男，2013；黄敦平，2016）、家庭孩子数量（崇维祥，杨书胜，2015）、家庭城市居住方式（李梓颖，边艳，2020；刘玉等，2020）、家乡拥有土地数量（李龙，翟振武，2018）等家庭变量对农村转移劳动力家庭化迁移决策存在显著影响，普遍认为在流入地城市月收入越高举家流动可能性越大（杨中燕等，2015）。

学者们也认为处于不同生命周期农村转移劳动力家庭化迁移行为也存在异质性，与此同时非农就业稳定性也受家庭生命周期的影响，相较于已婚未育的家庭，其他家庭生命周期阶段具有更高的非农就业稳定性（汪为，吴海涛，2017）。处于不同的家庭生命周期阶段农村转移劳动力的家庭禀赋、消费偏好、居留意愿都会发生变化，家庭流动模式的影响因素也随之变化（Dyrting et al.，2020；孙林，田明，2020；张红丽，王芳芳，2020）。此外，计划生育政策等一系列外部宏观制度规则不仅改变了部分家庭的禀赋结构，而且不同地区计划生育政策执行力度强弱不同，影响到各地区家庭生命周期特征（林善浪等，2018）。

综上所述，大部分学者研究农村转移劳动力家庭化流动模式，而从家庭生命周期视角分析家庭化流动模式相对较少，而分析不同阶段家庭生命周期的长三角地区农村转移劳动力家庭化迁移特征与影响机制，有利于提高长三角地区农村转移劳动力家庭生活质量和幸福感。故本书可能的边际贡献：一是从家庭生命周期视角，分析长三角地区农村转移劳动力家庭化迁移模式，丰富农村转移劳动力迁移理论；二是使用 ArcGis 软件，在县级空间尺度绘制长三角地区农村转移劳动力家庭生命周期的空间分布，并进一步探寻其空间关联特征。

第二节　变量说明与模型构建

一、变量说明

数据来源于全国流动人口动态监测（CMDS2017）数据库，该数据库采用 PPS 抽样方法，调查在迁入地居住一个月及以上非本地户籍的 15 岁以上农村转移劳动力，筛选出安徽省、江苏省、浙江省、上海市长三角三省一市的数据。家庭生命周期是因变量，根据问卷设置为非家庭式流动和家庭化流动。其中，将问卷中"在流入地仅受访者一人，无其他核心家庭成员与其共同居住"的样本定义为非家庭式流动。参照周春山（2020）的做法，将家庭化流动模式按照生命周期理论划分为未育夫妻型家庭（简称为Ⅰ类家庭）、夫妻与未婚子女型家庭（简称为Ⅱ类家庭）、未婚者与父母型家庭（简称为Ⅲ类家庭）。将问卷中"受访者已婚夫妻同住，家庭规模为 2 人且夫妻年龄均不超过 40 岁"的样本定义为Ⅰ类家庭；将问卷中"受访者已婚夫妻同住，家庭规模 3 人以上且子女均未满 18 岁"的样本定义为Ⅱ类家庭；将问卷中"受访者已婚夫妻同住，家庭规模 3 人以上且子女已满 18 岁"的样本定义为Ⅲ类家庭。变量说明与描述性统计见表 2 - 1。

表 2 - 1　　　　　　　　　　变量说明与描述性统计

变量名称		变量定义	样本数	均值	标准差
因变量	家庭流动模式	非家庭式流动 = 1，未育夫妻家庭 = 2，夫妻与未婚子女家庭 = 3，未婚者与父母家庭 = 4	20160	2.68	0.95
个人特征	性别	男性 = 0，女性 = 1	20160	0.44	0.50
	年龄	20 岁以下 = 1，20 ~ 29 岁年龄组 = 2，30 ~ 39 岁年龄组 = 3，40 ~ 49 岁年龄组 = 4，50 岁及以上年龄组 = 5	20160	3.08	0.96
	教育程度	小学及以下 = 1，初中 = 2，高中/中专 = 3，大学专科 = 4，大学本科 = 5，研究生 = 6	20160	2.55	1.19
	婚姻状况	非婚姻状态 = 0；婚姻状态 = 1	20160	0.86	0.35
	户籍类别	农业户籍 = 0，非农业户籍 = 1	20160	0.20	0.40
	个人月收入	0 ~ 999 元 = 1，1000 ~ 1999 元 = 2，2000 ~ 2999 元 = 3，3000 ~ 3999 元 = 4，4000 ~ 4999 元 = 5，5000 元及以上 = 6	20160	4.81	1.25
流动特征	流动时间	进入迁入地时间	20160	6.55	5.93
	流动范围	省内流动 = 0，跨省流动 = 1	20160	0.71	0.45
社会保障	医保	是否拥有本地的社会医疗保险，否 = 0，是 = 1	20160	0.36	0.48
	社保	是否有社会保障卡，否 = 0，是 = 1	20160	0.58	0.49
家庭特征	家庭人口规模	随迁家庭成员数量	20160	3.26	1.08
	家庭月收入	0 ~ 999 元 = 1，1000 ~ 1999 元 = 2，2000 ~ 2999 元 = 3，3000 ~ 3999 元 = 4，4000 ~ 4999 元 = 5，5000 元及以上 = 6	20160	5.78	0.63
	家庭平均年龄	随迁家庭成员年龄平均值	20160	28.42	8.94
	家庭居住方式	家庭现住房属于何种类型，租房 = 0，自有房 = 1	20160	0.26	0.44
	家庭耕地	户籍地老家是否有耕地？没有 = 0，有 = 1	20160	0.50	0.50

二、模型构建

将研究家庭生命周期视角下长三角地区农村转移劳动力的家庭流动模式，选取多项 Logit 模型分析家庭流动模式的影响因素，利用 MLE 进行非线性估计。模型表达式如下：

$$p(y_i = j \mid x_i) = \begin{cases} \dfrac{1}{1 + \sum\limits_{k=1}^{j} \exp(x_i'\beta_k)} & (j = 1) \\[4mm] \dfrac{\exp(x_i'\beta_j)}{1 + \sum\limits_{k=1}^{j} \exp(x_i'\beta_k)} & (j = 2,3,4) \end{cases}$$

式中，p 表示各家庭流动模式选择的概率；y 取值为 1，表示样本为在流入地只有一人的非家庭式迁移，且将非家庭化迁移设为参照组。y 取值为 2，表示样本为未育夫妻家庭；y 取值为 3，表示夫妻与未婚子女家庭；y 取值为 4，表示未婚者与父母家庭。其中，x_i 为影响家庭流动模式的个人特征、家庭特征等因素。

第三节　农村转移劳动力家庭化迁移的空间特征

由表 2 – 2 可知，长三角地区农村转移劳动力迁移存在以下特征：一是长三角地区农村转移劳动力主要呈现家庭化迁移特征，样本数据中 79.63% 的农村转移劳动力呈现家庭化迁移。二是在家庭化迁移中，未育夫妻家庭（Ⅰ类家庭）、夫妻与未婚子女家庭（Ⅱ类家庭）、未婚者与父母家庭（Ⅲ类家庭）分别占总样本的 5.76%、59.69%、14.18%，可以看出，Ⅱ类家庭比重接近 60% 占绝对优势，Ⅲ类家庭次之，Ⅰ类家庭占比最少。

表 2 - 2　　　　　　　　农村转移劳动力家庭化迁移的分布状态

项目	非家庭化迁移	家庭化迁移		
		未育夫妻家庭（Ⅰ类）	夫妻与未婚子女家庭（Ⅱ类）	未婚者与父母家庭（Ⅲ类）
样本数	4107	1161	12034	2858
比例（%）	20.37	5.76	59.69	14.18
		79.63		

一、农村转移劳动力家庭化迁移的空间分布特征

长三角地区农村转移劳动力家庭化迁移特征呈现出较强的空间集聚性，农村转移劳动力在长三角中部与南部地区集聚，并且三类家庭在空间分布上存在较强的异质性。其中，未育夫妻家庭（Ⅰ类家庭）主要分布在长三角中部地区，形成了以南京、上海等中心城市向外围地区梯度递减的分布规律，这可能是由于南京市、上海市在就业机会、基础设施、公共服务等方面具有明显的比较优势，吸引年轻的未育夫妻家庭在大城市集聚。与此相对，夫妻与未婚子女家庭（Ⅱ类家庭）与未婚者与父母家庭（Ⅲ类家庭）则形成了数量众多、散落式的多点集聚区域，基本分散在长三角地区南部，在空间分布上呈现以经济发达的区县为核心向外围地区梯度递减的分布规律，这可能是由于Ⅱ类与Ⅲ类家庭为有孩家庭，将更多考虑到大城市购房压力、子女教育、生活成本支出、赡养老人等问题，往往倾向于选择经济发展较好、不受户籍限制的区和县级市。

二、农村转移劳动力家庭化迁移的空间关联性特征

由表 2 - 2 可知，夫妻与未婚子女家庭（Ⅱ类）在家庭生命周期中占有较高的比重，分别是未育夫妻家庭（Ⅰ类）与未婚者与父母家庭（Ⅲ类）数量的 10.36 倍与 4.21 倍，以下将重点分析Ⅱ类家庭迁移的空间关联特征，

以各个区县市夫妻与未婚子女家庭（Ⅱ类）数量为变量属性，Moran'I 指数为 0.178，Z 值为 6.180 明显大于判别值 2.58，P 值为 0.00，并且研究区域内存在显著的空间正相关性，整体表现为较高的空间聚集性。

"高—高"聚集区域（高值聚类），意味着该区域的家庭数量较大，而相邻区域的家庭数量也比较大。"高—高"区域呈现点状分布和连片集中分布两种特征。一是点状分布区域主要有合肥市（蜀山区）、嘉兴市（南湖区）；二是连片集中分布区域主要有苏州市（昆山市、常熟市、太仓市、吴中区、姑苏区、吴江区、相城区）、上海市（宝山区、嘉定区、青浦区、松江区、闵行区、奉贤区、浦东新区、普陀区、金山区）、无锡市（锡山区、新吴区）。这可能是相邻区域内的经济存在相互关联，进而呈现"高—高"趋同现象，同时高度发达的产业提供较丰富的工作岗位，对周围地区农村转移劳动力家庭化迁移有较强的虹吸效应。

"高—低"聚集区域（高值异常），意味着家庭化迁移数量较大的区域被家庭化迁移数量较小的区域包围。"高—低"区域主要分布在黄山市（屯溪区）、徐州市（鼓楼区）。这可能是现代服务业为主导产业的黄山市屯溪区和传统工业集中的徐州市鼓楼区，能够提供相对较丰富的工作机会，吸引周围地区农村转移劳动力家庭化迁入。

"低—高"聚集区域（低值异常），意味着家庭数量较小的区域被家庭数量较大的区域包围。"低—高"区域主要有苏州市（虎丘区）、上海市（静安区、虹口区、杨浦区、长宁区、黄浦区、徐汇区、崇明区）、嘉兴市（嘉善县、平湖市、海盐县、秀洲区）。说明这些区域虽然凭借区位条件、资源禀赋吸引了部分农村转移劳动力家庭，但因自身经济体量与规模有限，以及受"高—高"集聚区余波作用的影响，难以对周围地区农村转移劳动力家庭产生吸引作用，所以只能成为"低—高"聚集区域。

"低—低"聚集区域（低值聚类），意味着该区域家庭化迁移数量较小，而相邻区域家庭化迁移数量也比较小。"低—低"区域呈现连片集中分布特征，主要分布在长三角地区安徽省皖南地区、浙江西部地区以及江苏的苏北地区。"低—低"区域主要有安庆市（大观区、宜秀区、迎江区）、铜陵市

（铜官区、郊区、义安区、枞阳县）、池州市（贵池区）、芜湖市（鸠江区、三山区、繁昌区、南陵县、湾沚区）、宣城市（宣州区、宁国市、旌德县）、衢州市（柯城区）、连云港市（海州区、连云区、沭阳县、灌云县）。这可能是该区域经济发展水平滞后，经济体量小，吸收非农产业能力有限，导致农村转移劳动力家庭不断外迁，与"高—高"区域形成两极分化。

第四节　农村转移劳动力家庭化迁移的影响因素分析

由于被解释变量是多值变量，将选择多项 Logit 模型估计。使用方差膨胀因子检验结果表明，模型中 VIF 最大值为 3.43，最小值为 1.17，VIF 均值为 1.69，模型不存在多重共线性。

一、影响因素理论分析

性别：男性收入一般是家庭收入的主要来源，承担着家庭生活消费支出。女性为了平衡家庭和工作，一般倾向于选择薪酬低、时间灵活的工作，抽出更多的时间照顾子女管理家庭。由此提出假设 1-1：男性工资收入相对较高，对Ⅰ类家庭影响较大。假设 1-2：女性需要照顾家庭，对Ⅱ类与Ⅲ类家庭影响较大。

年龄：在我国劳动力市场上存在年龄限制，超过年龄门槛后，失业风险增加，就业机会减少，收入减少。由此提出假设 2-1：对于三类家庭，个体年龄越高，越不利于家庭化迁移。假设 2-2：在三类家庭中，家庭平均年龄越高，越不利于家庭化迁移。

受教育程度：受教育程度越高，劳动生产率也相对较高，能够在劳动力市场获得收入较高的工作岗位，能够承担家庭化迁移所需的生活成本支出，从而带动家庭成员家庭化迁移。由此提出假设 3：在三类家庭中，教育程度的提高能够有效促进农村转移劳动力家庭化迁移。

婚姻：已婚个体单独流动会出现夫妻地理上的分居，使得留守配偶产生被遗弃感和焦虑感，不利于夫妻正常情感交流，增加了离婚风险。夫妻共同外出能够提高婚姻幸福感或满意度，增加婚姻的稳定性。由此提出假设4：对于三类家庭，相较于未婚者个体，已婚个体更倾向于家庭化迁移。

户籍属性：相较于农业户籍农村转移劳动力，非农业户籍农村转移劳动力具有个人能动性强、城市生活经历丰富、城市适应能力强的优势。由此提出假设5：在三类家庭中，非农业户籍农村转移劳动力更容易形成家庭化迁移。

经济收入：依据哈里斯和托达罗（Harris & Todaro，1970）的城乡迁移理论可知，个人关注的不是当期收入，而是未来的预期收入，根据预期的收入差距做出迁移决定。同时，依据新迁移经济学理论可知，如果家庭迁移带来的相对较高的净收入且风险较小，将选择家庭化迁移。由此提出假设6－1：在三类家庭中，家庭收入越高，越容易形成家庭化迁移。假设6－2，在三类家庭中，家庭收入越高，越容易形成家庭化迁移。

迁入时长：个体进入迁居城市时间越长，适应迁居城市的生活方式和工作节奏，城市的适应能力越强，可以获得相对较高的经济收入，家庭化迁移的能力将越强。由此提出假设6：在三类家庭中，迁居城市工作时间越长，越有利于家庭化迁移。

流动范围：农村转移劳动力往往从欠发达地区迁移到发达地区，且以短距离为主。随着迁移距离的增加，远离熟悉社会网络关系、文化氛围、风俗习惯的农村转移劳动力，城市融入难度将会增加，带动家庭迁移的成本也会增加。由此提出假设7：在三类家庭中，流动距离越远，越不利于形成家庭化迁移。

社会保障：在流入地城市参与本地医保、社保能够减少农村转移劳动力医疗风险、经济风险，增强其城市安全感、归属感。由此提出假设8：在三类家庭中，参与本地医保、社保，越容易形成家庭化迁移。

家庭人口规模：家庭随迁成员越多，将会大幅增加住房支出、教育支出、消费支出等流入地生活成本。由此提出假设9：在三类家庭中，家庭人口规模越大，家庭化迁移概率越低。

家庭居住方式：住房为农村转移劳动力在城市的栖居空间，也是农村转移劳动力实现美好生活不可或缺的物质保障。由此提出假设10：在三类家庭中，相较于租房行为，自有房更有利于家庭化迁移。

家庭资本：土地资源承担着农村流动人口生产资料、生活保障的功能，寄托着乡村情结。由此提出假设11：在三类家庭中，户籍老家有耕地的农村转移劳动力家庭化迁移概率将降低。具体分析结果见表2-3。

表2-3　　　　农村转移劳动力不同家庭生命周期的影响因素分析结果

因变量		未育夫妻家庭			夫妻与未婚子女家庭			未婚者与父母家庭		
		β	S.E	$Exp(\beta)$	β	S.E	$Exp(\beta)$	β	S.E	$Exp(\beta)$
个体特征	性别	-0.015	0.118	0.985	0.291***	0.076	1.338	0.487***	0.075	1.627
	年龄	-2.558***	0.131	0.077	-0.630***	0.061	0.532	1.064***	0.062	2.898
	教育程度	0.250***	0.061	1.284	-0.027	0.042	0.974	-0.417***	0.044	0.659
	婚姻状况	2.253***	0.278	9.516	3.231***	0.171	25.305	3.746***	0.209	42.335
	户籍类别	-0.027	0.150	0.974	0.263**	0.106	1.301	0.215**	0.108	1.240
	个人月收入	-0.065	0.058	0.937	0.155***	0.032	1.168	0.118***	0.031	1.125
流动特征	迁入时长	-0.042***	0.014	0.959	0.018***	0.006	1.018	0.019***	0.005	1.019
	流动范围	0.163	0.135	1.176	-0.302***	0.083	0.739	-0.169**	0.081	0.845
社会保障	医保	0.156	0.145	1.168	0.226**	0.093	1.253	0.112	0.093	1.118
	社保	0.170	0.139	1.186	0.208**	0.081	1.231	0.123	0.077	1.131
家庭特征	家庭人口规模	-2.205***	0.160	0.110	3.653***	0.079	38.592	2.382***	0.074	10.826
	家庭月收入	1.171***	0.114	3.224	0.144**	0.059	1.155	0.234***	0.053	1.264
	家庭平均年龄	-0.457***	0.053	0.633	-1.013***	0.021	0.363	-0.469***	0.020	0.625
	家庭居住方式	0.226	0.156	1.254	0.190**	0.094	1.209	0.199**	0.095	1.220
	家庭耕地	-0.377***	0.130	0.686	-0.182**	0.078	0.834	0.048	0.077	1.049

注：*、**和***分别表示在10%、5%和1%的统计水平上显著。

二、影响因素结果分析

个体特征因素：（1）性别对Ⅰ类家庭的影响系数不显著，表明性别对Ⅰ类家庭的家庭化迁移没有影响，假设1-1不成立。性别对Ⅱ类与Ⅲ类家庭的影响系数在1%的显著水平下负向显著，且女性带动Ⅱ类与Ⅲ类家庭的家庭化迁移的可能性分别为非家庭式迁移的1.338倍和1.627倍，表明女性更有利于Ⅱ类与Ⅲ类家庭的家庭化迁移。这可能是由于女性在抚育子女、照顾老人、管理家庭方面承担更多责任，对有孩子、老人的Ⅱ类与Ⅲ类家庭更为重要，符合假设1-2。合肥市包河区（103）、瑶海区（103）、庐阳区（101），南京市江宁区（97）、江阴市（98）、昆山市（97），上海市市辖区（98）、杭州萧山区（96）、义乌市（101）、慈溪市（96）等性别比较低，其农村转移劳动力家庭化迁移绝对数量较大，呈现出农村转移劳动力性别比中心区域逐渐向四周递增的空间特征，而农村转移劳动力家庭化迁移绝对数量中心区域向四周递减的空间特征。（2）年龄对Ⅰ类与Ⅱ类家庭的影响系数在1%显著为负，表明个体年龄越大，将越不利于其形成家庭化迁移。年龄对Ⅲ类家庭的影响系数在1%显著为正，年龄对农村转移劳动力家庭化迁移概率是非家庭化迁移的2.898倍。这可能是由于子女已成年的Ⅲ类家庭，其父母年龄相对较大，参加工作时间相对较长，经济、社会财富积累较多，进而有能力进行家庭化迁移。由此，假设2部分成立。（3）教育对Ⅰ类家庭的影响系数1%显著为正，表明受教育程度的提高将有利于该类家庭完成家庭化迁移。教育对Ⅲ类家庭的影响系数1%显著为负，这可能是由于Ⅲ类家庭的家庭成员往往年龄较大、教育水平较低有关。Ⅲ类家庭的样本显示初中及其以下学历占比高达87%。由此，假设3部分成立。（4）婚姻状况对三类家庭的影响系数1%显著为正，表明结婚后的农村转移劳动力更倾向于家庭化流动。由此，假设4成立。（5）户籍类别对Ⅰ类家庭的影响系数不显著，表明户籍类别对该类家庭的家庭化迁移没有影响。户籍类别对Ⅱ类与Ⅲ类家庭的影响系数5%显著为正，表明非农业户籍对该类家庭的家庭化迁移有促进作用。由此，假设5部分成立。（6）个人月收入对Ⅰ类家庭的影响系数不显著，表明个人月收入对该类家庭的家庭化迁移没有影响。个人月收入对Ⅱ类与Ⅲ类家庭的影响系数1%显著为正，表明月收入的增加对该类家庭的家庭化迁移有促进作用。由此，假设6-1部分成立。

流动特征：（1）迁入时长对Ⅱ类与Ⅲ类家庭的影响系数均在1%显著为

正，说明流动人在迁居城市时间越长，有助于该类家庭实现家庭化迁移。迁入时长对Ⅰ类家庭的影响系数1%显著为负，表明在城市流动时间越久，越不利于该类家庭的家庭化迁移。这可能是由于刚脱离母家庭的Ⅰ类家庭进入城市打拼后，一方面，由于母家庭的支持和帮助减少，面临着经济、住房压力，将使得Ⅰ类家庭变得脆弱与不稳定（孙正娟，2003）。另一方面，Ⅰ类家庭脱离原生家庭网络，进入新的环境，面临着城市社会环境的各种诱惑，由于没有孩子以及原生家庭社会道德束缚，离婚阻力变小，婚姻破裂风险增大（莫玮俏，史晋川，2015；李卫东，2019）。考虑到家庭的重要性以及婚姻的稳定性，Ⅰ类家庭进入城市不久便会返回户籍地生活。由此，假设7部分成立。（2）流动范围对Ⅰ类家庭的影响系数不显著，表明流动范围对其家庭化迁移没有影响。流动范围对Ⅱ类和Ⅲ类家庭有显著的负向影响，表明相较于省内流动，跨省流动不利于其形成家庭化迁移。因此，假设7部分成立。

社会保障：医保、社保对Ⅰ类与Ⅲ类家庭的影响系数不显著，表明医保、社保对其家庭化迁移没有影响。医保、社保对Ⅱ类家庭的影响系数5%显著为正，表明参加本地医保、社保将促进该类家庭形成家庭化迁移。由此，假设8部分成立。

家庭特征因素：（1）家庭人口规模对Ⅰ类家庭的影响系数1%显著为负，表明随着家庭人口规模的增大，越不利于其形成家庭化迁移。家庭人口规模对Ⅱ类与Ⅲ类家庭的影响系数在1%显著水平下正向显著，家庭人口规模每增加一单元，其家庭化迁移的可能性分别是非家庭化迁移的38.592倍和10.826倍。这可能是由于家庭规模的增大，随迁老人能够照顾家庭看护孩子，减轻了Ⅱ类与Ⅲ类家庭的生活和工作压力（刘庆，2012）。由此，假设9部分成立。（2）家庭月收入对三类家庭均有显著的正向影响，表明家庭收入的提高有助于其形成家庭化迁移。由此，假设6-2成立。（3）家庭平均年龄对三类家庭的影响系数均1%显著为负，表明家庭平均年龄越高，越不利于其家庭化迁移。由此，假设2-2成立。（4）家庭居住方式对Ⅰ类家庭的影响系数不显著，表明租房行为或自有房对该类家庭的家庭化迁移没有影响。家庭居住方式对Ⅱ类与Ⅲ家庭的影响系数5%显著为正，表明自有房能够促进其家庭化迁移。由此，假设10部分成立。（5）家庭耕地对Ⅲ类家庭的影响系数不显著，表明家庭耕地对其家庭化迁移没有影响。家庭耕地对Ⅰ类与Ⅱ类家庭有显著的负向影响，表明户籍老家有耕地，将不利于其家庭化迁移。由此，假设11部分成立。

从图2-1可知，从Ⅰ类家庭过渡到Ⅱ类家庭，性别、户籍类别、个人月收入、流动范围、医保、社保、家庭居住方式等因素变为显著，对处于扩张期Ⅱ类家庭来说，由于子女年龄相对较小，更多地考虑家庭照料、经济收入、生活保障、居住环境改善等问题。从Ⅱ类家庭过渡到Ⅲ类家庭，医保、社保、家庭耕地等因素变为不显著，对处于萎缩期的Ⅲ类家庭，面临子女结婚离家，其家庭经济和社会财富达到峰值，抗风险能力较强，医保、社保、家庭耕地等因素影响相对较小。

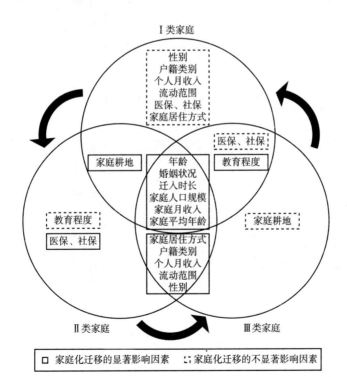

图2-1　不同生命周期的农村转移劳动力家庭化迁移的影响因素

三、稳健性检验

为了排除家庭月收入极端值对回归结果产生的偏差，采用 Winsorize 方法剔除家庭月收入的前 1% 和后 1% 样本，然后实证检验，回归结果如表 2 - 4 所示。与表 2 - 3 相比，两者的系数变化较小，且系数统计显著性的有效性也未发生变化，验证了控制变量与因变量家庭流动模式关系结论的稳健性。

表 2 - 4 　　　　　　　　稳健性检验回归估计结果

因变量		Ⅰ类家庭		Ⅱ类家庭		Ⅲ类家庭	
		β	S. E	β	S. E	β	S. E
个人特征	性别	- 0.024	0.119	0.302 ***	0.077	0.490 ***	0.076
	年龄	- 2.574 ***	0.133	- 0.613 ***	0.063	1.089 ***	0.063
	教育程度	0.243 ***	0.062	- 0.030	0.043	- 0.413 ***	0.046
	婚姻状况	2.340 ***	0.285	3.220 ***	0.175	3.779 ***	0.214
	户籍类别	- 0.004	0.152	0.263 **	0.108	0.220 **	0.110
	个人月收入	- 0.084	0.058	0.153 ***	0.032	0.110 ***	0.031
流动特征	迁入时长	- 0.043 ***	0.014	0.019 ***	0.006	0.019 ***	0.005
	流动范围	0.168	0.137	- 0.311 ***	0.084	- 0.165 **	0.083
社会保障	医保	0.174	0.147	0.230 **	0.094	0.094	0.095
	社保	0.126	0.141	0.186 **	0.082	0.108	0.079
家庭特征	家庭人口规模	- 2.201 ***	0.163	3.707 ***	0.081	2.435 ***	0.076
	家庭月收入	1.237 ***	0.122	0.114 *	0.067	0.239 ***	0.062
	家庭平均年龄	- 0.460 ***	0.055	- 1.024 ***	0.022	- 0.477 ***	0.020
	家庭居住方式	0.230	0.159	0.200 **	0.096	0.202 **	0.096
	家庭耕地	- 0.366 ***	0.131	- 0.185 **	0.080	0.042	0.078

注：* 、** 和 *** 分别表示在 10% 、5% 和 1% 的统计水平上显著。

第五节　本章小结

本章分析长三角地区各区县农村转移劳动力不同家庭生命周期的家庭化

迁移的空间分布特征，采用多项 Logit 模型深入探究长三角地区农村转移劳动力不同家庭生命周期的家庭化迁移的影响因素及异质性，得出以下研究结论：一是长三角地区农村转移劳动力家庭化迁移趋势明显，79.63% 的农村转移劳动力呈现家庭化迁移特征。进一步分析发现长三角地区农村转移劳动力家庭化迁移主要集中在长三角中部与南部地区，并且三类家庭在空间分布上存在较强的异质性。其中，未育夫妻家庭（Ⅰ类家庭）主要分布在长三角中部地区，形成了以南京市、上海市等中心城市向外围地区梯度递减的分布规律；夫妻与未婚子女家庭（Ⅱ类家庭）与未婚者与父母家庭（Ⅲ类家庭）则形成了数量众多、散落式的多点集聚区域，基本分散在长三角地区南部，在空间分布上呈现以经济发达的区县为核心向外围地区梯度递减的分布规律。此外，农村转移劳动力家庭化迁移存在显著的"热点"（高值聚类）和"冷点"（低值聚类）区域，呈现出"同质集聚、异质隔离"的空间关联特征。二是个人特征、流动特征、社会保障、家庭特征等因素对长三角地区农村转移劳动力不同家庭生命周期的家庭化迁移影响。其中，年龄、婚姻状况、迁入时长、家庭人口规模、家庭月收入、家庭平均年龄等对三类家庭的家庭化迁移均有显著影响，性别、户籍类别、个人月收入、流动时间、流动范围、医保、社保、家庭居住方式、家庭耕地等对三类家庭的家庭化迁移具有差异性影响。

| 第三章 |

农村转移劳动力城市居留
意愿的微观决策分析

按照正常人口迁移规律，人口迁移往往与定居同时发生，由于我国户籍制度的约束，人口迁移与城市居留经常不在同一个时间点上发生，大多数农村转移劳动力虽没有获得城镇户籍，但仍有可能在流入地城市居留。我国城镇化进程中大量农村转移劳动力在进入城市后，虽然他们中的大多数无法在城市获得户籍，但随着在城市奋斗打拼，获得资本积累，经济条件得到改善，将有意愿在城市居留，其流动行为也将发生改变。此外，随着年龄的增长一些从事体力劳动的农村转移劳动力不能再适应这种体力工作，将会选择返回农村户籍所在地。农村转移劳动力城市居留意愿将影响到农村转移劳动力的迁移行为，城市居留意愿并不代表最终流动结果，但在另一方面可以反映流入地区社会容纳度、吸引外来农村转移劳动力能力。农村转移劳动力能在城市居留，不仅对农村转移劳动力个体长远发展具有影响，而且对加快我国城镇化进程，特别是实现人口城镇化具有促进作用。本章将从职业特征、个体特征、流动特征、社会经济特征四个方面探讨农村转移劳动力城市居留意愿的微观决策机制。

第一节　农村转移劳动力城市居留意愿微观决策机制

一、职业特征与农村转移劳动力城市居留意愿

农村转移劳动力的居留意愿受多方面因素影响，其中职业因素被视为最主要因素，农村转移劳动力的职业直接决定着农村转移劳动力在流入地的收入、生活质量及社会地位。根据对现有文献的梳理，把农村转移劳动力职业特征划分为就业状态和职业类型两个方面。其中，就业状态指农村转移劳动力目前所从事的职业为自雇还是他雇。与他雇就业状态的农村转移劳动力相比，自雇就业状态的农村转移劳动力工资水平更高，工作方式更加灵活，流动成本更高，更倾向于流入地城市居留（李树苗等，2014；杨东亮，2016；于潇，陈新造，2017）。根据从事的职业类型可将农村转移劳动力划分为不同群体，郭元凯和胡晓江（2015）以普通员工作为参照组，管理人员城市居留意愿是普通员工的 1.655 倍。通常情况下，智力型和投资型职业的农村转移劳动力人力资本更高，获得固定职业和高薪的可能性更大，更倾向于在城市居留，投资型和智力型职业农村转移劳动力城市居留意愿高于劳力型农村转移劳动力。但投资型和智力型职业农村转移劳动力学历较高，将通过不断流动在城市间搜寻较好的工作机会，城市居留意愿也有可能低于体力型劳动者。因此，假设从事自雇和智力型和投资型职业的农村转移劳动力居留意愿更高。

二、个体特征与农村转移劳动力居留意愿

个体之间的差异对不同农村转移劳动力居留意愿的影响也存在差异，已有文献主要从性别、年龄、教育水平、婚姻和户口等方面比较农村转移劳动力居留意愿的差异。

与男性农村转移劳动力相比，女性可以通过婚姻嫁娶、随迁家属、拆迁搬入等流动方式留在城市，女性农村转移劳动力在城市居留意愿将高于男性（杨雪，魏洪英，2017；梁土坤，2016）。多数学者认为不同年龄农村转移劳动力城市居留意愿存在差异，盛亦男（2016）认为，新一代农村转移劳动力城市居留意愿高于老一代农村转移劳动力，但扈新强（2017）研究得出老一代农村转移劳动力城市居留意愿要高于新一代，且新一代农村转移劳动力中"80后"城市居留意愿高于"90后"。学者们普遍认为，受教育程度对农村转移劳动力城市居留意愿产生正向影响。受教育水平越高，人力资本水平越高，接受能力越强，更容易适应城市生活（熊波，石人炳，2007）。在婚姻状况方面，为给子女提供良好的城市学习环境，给家庭提供相对稳定经济来源，已婚农村转移劳动力更倾向于在流入城市居留（罗恩立，2012）。学者就户口性质对农村转移劳动力城市居留意愿存在不同观点。艾小青等（2017）指出，农业户口的农村转移劳动力城市居留意愿弱于非农业户口的农村转移劳动力，农业户口农村转移劳动力家庭规模较大，迁移成本较高，在流入城市居留意愿较低。但也有学者提出不同观点，叶鹏飞（2011）指出，户籍制度的约束条件在当前社会背景下已被弱化，使得户籍制度因素对农村转移劳动力城市居留意愿影响程度在下降。因此，假设个体特征对农村转移劳动力居留意愿产生显著影响。

三、流动特征与农村转移劳动力城市居留意愿

流入地特征是影响农村转移劳动力城市居留意愿的又一重要因素，流入地经济发展水平越高，农村转移劳动力获得就业机会越多，同时获得较高收入水平的可能性更高。根据我国经济发展总体水平和国土面积，把我国农村转移劳动力流入地按照经济发展水平依次由高到低大致划分为东、中、西三个区域。盛亦男（2017）认为，农村转移劳动力城市居留意愿受城市梯度的影响，在大城市的农村转移劳动力城市居留意愿相对较强，而在中小城市居留意愿相对较弱。我国国土面积辽阔，各地区间经济发展水平存

在一定差距，地区经济发展水平越高，包容性越强，流入该地区农村转移劳动力的城市居留意愿相对较强（古恒宇等，2018）。流动范围指农村转移劳动力是跨省流动还是省内流动，与省外流动相比，省内流动离户籍地近，且生活和风俗习惯等较为接近，省内农村转移劳动力的城市居留意愿相对较强（齐嘉楠，2018）。因此，假设经济水平高的地区农村转移劳动力居留意愿更强。

四、社会经济特征与农村转移劳动力城市居留意愿

在整个人口流动过程中，经济因素一直是影响农村转移劳动力城市居留意愿最为重要的因素。收入水平越高，农村转移劳动力流入城市经济地位越高，更容易融入流入地城市，其城市居留意愿也将更高（王春兰，丁金宏，2007）。居住场所是农村转移劳动力在流动中关心的又一重要问题，在流入地购房或建房可以视为农村转移劳动力有较强城市居留意愿，即如果农村转移劳动力在流入地拥有自建或自购住房，则其城市居留意愿将显著提高（林李月等，2019）。邻里关系描述农村转移劳动力和本地人以及外地人关系，平时和本地人来往更多，则社会网络更广，通过社会网络获得工作机会的可能性更高，且从心理方面更加愿意融入流入地。杨东亮和王晓璐（2016）研究发现自己是否与本地居民形成良好互动的社会交往网络，是否在本地的熟人社会中获得身份认同，是否形成对本地身份的主观认同，是影响农村转移劳动力融入城市的重要因素，社会融入越强，城市居留意愿越强。因此，假设收入水平高、拥有住房、社会融入更好的农村转移劳动力城市居留意愿更强。

综上所述，学者们从不同视角分析农村转移劳动力居留意愿的影响因素，为本书提供了重要参考。但上述农村转移劳动力居留意愿大部分从某一特定因素出发分析影响农村转移劳动力居留意愿。将从职业特征、个体特征、流动特征和社会经济特征四个方面分析影响农村转移劳动力居留意愿的因素，进一步分析流入地区位特征的空间异质性影响。

第二节　数据来源与变量选择

一、数据来源

本书采用全国流动人口动态监测调查（CMDS2016）数据。此次调查采用分层、多阶段、与规模成比例的 PPS 方法进行抽样。调查对象是在流入地居住一个月及以上、非本区（市、县）户口的 15 岁及以上的农村转移劳动力，既包括农村劳动力的城市流动也包括乡镇人口向城市的流动，以生活、工作为主，不包括外出旅游、看病、出差、探亲等临时离开。

二、变量选择

（一）被解释变量

根据调查问卷对农村转移劳动力按照城市居留意愿进行分类，问卷中"今后一段时间，您是否打算继续留在本地"的回答结果作为是否具有城市居留意愿的依据，将回答为"是"的赋值为 1，表示具有城市居留意愿；将回答为"否""没想好"的赋值为 0，表示不具有城市居留意愿。如表 3 - 1 所示，选取样本中具有城市居留意愿的农村转移劳动力占比 78.9%，无城市居留意愿的农村转移劳动力占比 21.1%，说明样本中绝大部分农村转移劳动力都具有城市居留意愿。

表 3 - 1　　　　　　　　变量描述性统计

		频数	百分比（%）
被解释变量			
城市居留意愿	是	86160	78.9
	否	23042	21.1

			频数	百分比（%）
解释变量				
职业特征	就业状态	自雇	44733	40.96
		他雇	64469	59.04
	职业类型	劳力型	67553	61.86
		投资型	28097	25.73
		智力型	13552	12.41
个体特征	性别	男性	62747	57.46
		女性	46455	42.54
	婚姻状况	已婚	89688	82.13
		未婚	19514	17.87
	年龄	15~24 岁	11141	10.20
		25~34 岁	43579	39.91
		35~44 岁	32190	29.48
		45~54 岁	19009	17.41
		55 岁及以上	23283	3.00
	教育水平	小学及以下	15406	14.11
		初中	48084	44.03
		高中/中专	24862	22.77
		大学专科	12328	11.29
		大学本科	7845	7.18
		研究生	677	0.62
	户口	农业	85043	77.88
		非农	24159	22.12
流动特征	流入地区	东部	51884	47.51
		中部	26658	24.41
		西部	30660	28.08
	流动范围	省内跨市/市内跨县	54632	50.03
		跨省流动	54570	49.97
社会经济特征	住房类型	自建或自购	29517	27.03
		无自有住房	79685	72.97

			频数	百分比（%）
		解释变量		
社会经济特征	月总收入	1500 元以下	694	0.64
		1500～3500 元	13250	12.13
		3500～5500 元	29948	27.42
		5500～7500 元	23865	21.85
		7500 元以上	41445	37.95
	邻里关系	业余时间和其他本地人/其他外地人来往	48557	44.47
		业余时间和同乡/很少与人来往	60645	55.53

（二）解释变量

本章解释变量包括职业特征、个体特征、流动特征、社会经济特征四个方面。

职业特征。采用就业状态和职业类型两个变量描述职业特征。就业状态，通过对问卷中"您现在的就业身份属于哪一种"的回答来定义，将回答"雇主"和"自营劳动者"的赋值为1，表示"自雇"，将回答"无固定雇主的雇员"和"有固定雇主的雇员"的赋值为0，表示"他雇"。在选取样本中他雇农村转移劳动力比重为59.04%。职业类型，根据调查问卷中"您现在的主要职业是什么"来表示，并借鉴李志刚（2012）、周大鸣（2014）和程晗蓓（2019）的研究思路将农村转移劳动力的职业类型划分为劳力型、投资型和智力型三种。具体而言，劳力型指从事家政、保洁、保安、装修、商贩、快递、餐饮、运输、建筑、农林牧渔、水利业生产等职业的从业人员。投资型指从事经商职业的从业人员。智力型指国家机关、党群组织、企事业等单位从业人员。其中，劳力型、投资型和智力型农村转移劳动力比例分别为61.86%、25.73%、12.41%，农村转移劳动力中从事劳力型职业比例相对较高。

个体特征。性别：男性农村转移劳动力赋值为1，女性农村转移劳动力赋值为 0。其中，男性和女性农村转移劳动力比例分别为 57.46% 和 42.54%。婚姻：将初婚、再婚的农村转移劳动力婚姻状况定义为"已婚"并赋值为 1，将未婚、离婚、丧偶、同居的定义为"未婚"并赋值为 0。其中，农村转移劳动力中已婚人数占比 82.13%，未婚占比 17.87%。年龄：将 15~24 岁的农村转移劳动力赋值为 1，25~34 岁赋值为 2，35~44 岁赋值为 3，45~55 岁赋值为 4，55 岁及以上的农村转移劳动力赋值为 5。其中，25~34 岁和 35~44 岁两个年龄段的农村转移劳动力相对较多，占比分别为 39.91% 和 29.48%。教育水平：将受教育水平为小学及以下的赋值为 1，初中赋值为 2，高中/中专赋值为 3，大学专科赋值为 4，大学本科赋值为 5，研究生赋值为 6。其中，教育水平为初中学历农村转移劳动力相对较多，占比达到 44.03%。户口：将农村转移劳动力户口性质为农业户口赋值为 0，将非农业户口、农业转城镇居民定义为"非农"并赋值为 1。其中，农业户口农村转移劳动力相对较多，占比达到 77.88%。

流动特征。流入地区：把农村转移劳动力流入地按照地理位置划分为东、中、西三大地区[①]，西部赋值为 1，中部赋值为 2，东部赋值为 3。其中，流入地为东部、中部、西部地区农村转移劳动力数量占比分别为 47.51%、24.41%、28.08%，可以看出，农村转移劳动力以流入到东部为主。流动范围：将农村转移劳动力跨省流动赋值为 1，省内跨市和市内跨县赋值为 0。其中，农村转移劳动力跨省和省内流动占比分别为 50.03% 和 49.97%。

社会经济特征。住房类型：根据调查问卷中"您目前的住房属于什么性质"，根据回答把住房划分为两种类型，将回答"自购商品房、自购保障性住房、自购小产权住房和自建房"定义为"自建/自购"住房并赋值为 1，将回答"租住、借住、就业场所和其他非正规居所"定义为"无自有住房"并赋值为 0。拥有自建或自购住房的农村转移劳动力占比为 27.03%，无自

---

①　东部地区包括北京、天津、河北、辽宁、上海、江苏、浙江、福建、山东、广东和海南等 11 个省份；中部地区包括山西、吉林、黑龙江、安徽、江西、河南、湖北、湖南等 8 个省份；西部地区包括四川、重庆、贵州、云南、西藏、陕西、甘肃、青海、宁夏、新疆、广西、内蒙古等 12 个省份。

有住房的农村转移劳动力占比为 72.97%。月总收入：根据调查问卷中"过去一年，您家平均每月总收入为多少"的回答作为衡量标准，将月总收入为 1500 元以下的赋值为 1，1500～3500 元赋值为 2，3500～5500 元赋值为 3，5500～7500 元赋值为 4，7500 元及以上赋值为 5。其中，月总收入在 3500～5500 元和 7500 元及以上的占比相对较多，占比分别为 27.42% 和 37.95%。邻里关系：把问卷中对"您业余时间和谁来往最多"的回答作为衡量标准，将回答"同乡/很少与人来往"定义为同乡来往，并赋值为 0，回答"其他本地人/其他外地人"定义为非同乡来往，并赋值为 1。其中，农村转移劳动力邻里关系中与非同乡来往的占比 44.47%，与同乡来往的占比 55.53%。

第三节　农村转移劳动力城市居留意愿微观决策实证分析

被解释变量是农村转移劳动力的城市居留意愿为二分类变量，将采用二分类 Logistic 回归模型，从职业特征、个体特征、流动特征、社会经济特征四个方面分析农村转移劳动力城市居留意愿微观决策机制（见表 3－2）。

表 3－2　　　农村转移劳动力城市居留意愿微观决策回归结果分析

变量类型	变量	B	$Exp(B)$
职业特征	就业状态（参照组：他雇） 自雇	0.213 ***	1.24
	职业类型（参照组：劳力型） 投资型 智力型	−0.149 ** −0.004	0.86 1.00
个体特征	性别（参照组：女性） 男性	−0.013	0.99
	婚姻（参照组：未婚） 已婚	0.140 **	1.15

续表

变量类型	变量	B	Exp(B)
个体特征	年龄（参照组：15~24 岁） 　25~34 岁 　35~44 岁 　45~54 岁 　55 岁及以上	 0.381 *** 0.304 *** −0.115 −0.433 ***	 1.46 1.36 0.89 0.65
	教育水平（参照组：小学及以下） 　初中 　高中/中专 　大学专科 　大学本科 　研究生	 0.353 *** 0.489 *** 0.586 *** 0.282 *** 0.040	 1.42 1.63 1.80 1.33 1.04
	户口（参照组：农业户口） 　非农业	 0.018	 1.02
流动特征	流入地区位特征（参照组：西部地区） 　中部 　东部	 0.012 0.299 ***	 1.01 1.35
	流动范围（参照组：省内流动） 　跨省流动	 −0.403 ***	 0.67
社会经济特征	月总收入（参照组：1500 元以下） 　1500~3500 元 　3500~5500 元 　5500~7500 元 　7500 元以上	 0.434 *** 0.660 *** 0.790 *** 0.946 ***	 1.54 1.93 2.20 2.58
	住房（参照组：无自有住房） 　自建/自购	 1.050 ***	 2.86
	邻里关系（参照组：同乡来往） 　非同乡来往	 0.280 ***	 1.32

注：*、** 和 *** 分别表示在 10%、5% 和 1% 的统计水平上显著。

一、职业特征对农村转移劳动力城市居留意愿的影响

与就业状态为"他雇"型农村转移劳动力相比，就业状态为"自雇"型农村转移劳动力城市居留意愿将增加 24%，这也与理论预期相一致。就业状态表明农村转移劳动力是在为自己打工还是在为别人打工，"自雇"型农

村转移劳动力在流入地多为自主创业，工作方式较为灵活，收入相对较高，在流入地社会地位也较高，且流动成本更高，在流入地城市居留意愿相对较强。

与从事劳力型职业农村转移劳动力相比，从事投资型职业农村转移劳动力的居留意愿仅为从事劳力型职业农村转移劳动力的86%，从事智力型职业农村转移劳动力的居留意愿不存在显著性差别。这与前文提出的从事投资型和智力型的农村转移劳动力居留意愿更高的假设有所差别。这可能是由于从事投资型农村转移劳动力，其自身拥有较高人力资本，往往对未来收入抱有更大期望，在事业未稳定之前将通过流动寻找更好工作机会，在某个城市的城市居留意愿相对较低。而从事智力型职业农村转移劳动力主要是在国家机关、党群组织、企事业等正式单位就职，工作一般较为稳定，收入水平也较高，故其城市居留意愿也相对较高。

二、个体特征对农村转移劳动力城市居留意愿的影响

性别对农村转移劳动力城市居留意愿不存在显著影响。男性和女性农村转移劳动力的城市居留意愿不存在显著性差别。这可能是由于社会思想观念在进步，女性在工作和生活中逐渐享受到与男性平等地位，性别不再是影响农村转移劳动力城市居留意愿的影响因素。

婚姻状况对农村转移劳动力城市居留意愿存在显著影响。与未婚农村转移劳动力相比，已婚农村转移劳动力城市居留意愿发生概率高出15%。已婚农村转移劳动力需要承担的家庭责任更强，且已婚农村转移劳动力流动成本更高，长期稳定的居住环境对子女教育及未来发展具有积极影响，因此已婚农村转移劳动力城市居留意愿更强。

年龄对农村转移劳动力城市居留意愿影响显著，且农村转移劳动力城市居留意愿随着年龄增长将呈现先上升后下降的倒 U 型变化轨迹。与 15～24 岁年龄段农村转移劳动力相比，25～34 岁和 35～44 岁年龄段农村转移劳动力城市居留意愿分别要高出46%和36%，但45～54 岁和 55 岁及以上年龄段

农村转移劳动力城市居留意愿发生概率仅为 15 ~ 24 岁农村转移劳动力城市居留意愿的 89% 和 65%。与 15 ~ 24 岁年龄段农村转移劳动力相比，25 ~ 44 岁及以上的农村转移劳动力外出务工时间更长，技能水平和工作经验也随着年龄的增加而增加，收入水平也随之增加，城市居留意愿相对较高。而随着年龄达到 45 岁之后，受身体健康和乡土情结等影响，大量老龄农村转移劳动力将选择返乡，城市居留意愿将下降。

受教育水平对农村转移劳动力城市居留意愿的影响也呈现出倒 U 型变化轨迹，但较小学及以下学历农村转移劳动力，学历提升对农村转移劳动力城市居留意愿总体呈增加趋势。与小学及以下学历农村转移劳动力相比，初中、高中/中专、大学专科、大学本科、研究生学历农村转移劳动力城市居留意愿分别提高 42%、63%、80%、33%、4%。在大学专科之后学历的农村转移劳动力城市居留意愿有所下降，但仍高于小学及以下学历农村转移劳动力。小学及以下、初中、高中/中专、大学专科学历农村转移劳动力知识获取能力将随着学历水平提高而增强，在流入地获得工资可能性也将提高，在城市的居留意愿也相对提高。而大学本科、研究生学历属于农村转移劳动力中高学历人才，人力资本相对较高，通过流动寻找较高工资的工作，流动性相对较大，城市居留意愿将有所下降，但仍高于小学及以下学历农村转移劳动力。

户口性质对农村转移劳动力城市居留意愿不存在显著性影响。与农业户口农村转移劳动力相比，拥有非农业户口的农村转移劳动力城市居留意愿发生比率仅比农业户口农村转移劳动力高 2%，但统计上不显著。这可能是由于农村转移劳动力无论是农业户口还是非农业户口，如没有获得流入地城市户口将不能完全享受到当地公共服务，户口性质将对农村转移劳动力城市居留意愿不产生影响。

三、流动特征对农村转移劳动力城市居留意愿的影响

流入地区位特征对农村转移劳动力城市居留意愿影响存在较强空间异质

性。与流入西部地区农村转移劳动力相比，流入到中部地区农村转移劳动力的城市居留意愿不存在显著性差异，但形成鲜明对比的是流入到东部地区农村转移劳动力的城市居留意愿相对较高，要比流入到西部地区城市农村转移劳动力居留意愿高35%。这与我们理论预期相一致，经济发展水平更高的地区，农村转移劳动力的居留意愿更强。东部地区经济发展水平相对较高，就业机会也相对较多，工资水平也高于中西部地区，农村转移劳动力将倾向于在东部地区居留。

流动范围对农村转移劳动力城市居留意愿存在显著性影响，跨省农村转移劳动力城市居留意愿要低于省内农村转移劳动力。与省内流动的农村转移劳动力相比，跨省流动的农村转移劳动力城市居留意愿为省内流动的农村转移劳动力的67%。与跨省流动相比，省内农村转移劳动力距离家乡户籍所在地较近，社会文化、生活方式差异较小，农村转移劳动力更愿意在省内城市居留。

四、社会经济特征对农村转移劳动力城市居留意愿的影响

家庭收入水平对农村转移劳动力城市居留意愿呈显著正向影响。这与收入水平高、居留意愿强的假设相一致。家庭月总收入越高，农村转移劳动力城市居留意愿越强。与家庭月总收入为1500元以下的农村转移劳动力相比，家庭月总收入为1500~3500元、3500~5500元、5500~7500元、7500元以上收入段的农村转移劳动力城市居留意愿分别提高54%、93%、120%、158%。收入越高，农村转移劳动力流动的机会成本越大，且农村转移劳动力流入到城市的主要目的是获得较高收入。同时，收入越高，在城市社会地位越高，越容易融入城市生活中。

住房类型对农村转移劳动力城市居留意愿产生显著性影响。与无自有住房的农村转移劳动力相比，住房类型为"自建或自购"农村转移劳动力的城市居留意愿要高出186%。这与在当地拥有住房的农村转移劳动力居留意愿更强的假设相一致。在城市房价普遍上涨的趋势下，农村转移劳动力在城市

拥有"自建或自购"住房，能够缓解其租房租金压力，且拥有"自建或自购"住房能够显著提升农村转移劳动力城市融入感和归属感，使得农村转移劳动力更愿意在城市居留。而无自有住房的农村转移劳动力由于居无定所经常流动，因而城市居留意愿较低。

邻里关系对农村转移劳动力城市居留意愿产生显著性影响。业余时间与本地人或其他外地人来往较多的农村转移劳动力的城市居留意愿较很少与他人来往的农村转移劳动力高32%。这与在流入地邻里关系越好，居留意愿越强的假设相一致。邻里交往反映农村转移劳动力社会网络关系，在流入地与本地人或者其他外地人交往更多，社会网络更广，获得职业提升和更高工资的可能性更高，城市居留意愿相对较强。

第四节 稳健性检验——排除极端值影响

为排除极端值对农村转移劳动力城市居留意愿的影响，剔除平均月总收入前1%和后1%的样本，回归分析得出结果如表3-3所示。指标系数的正负号、显著性都与表3-2回归结果相一致，进一步证实本书估计结果具有较强的稳健性。

表3-3 稳健性检验

变量类型	变量	B	$Exp(B)$
职业特征	就业状态（参照组：他雇） 自雇	0.221 ***	1.25
	职业类型（参照组：劳力型） 投资型 智力型	−0.135 ** −0.011	0.87 0.99
个体特征	性别（参照组：女性） 男性	−0.009	0.99
	婚姻（参照组：未婚） 已婚	0.134 **	1.14

续表

变量类型	变量	B	$Exp(B)$
个体特征	年龄（参照组：15~24 岁）		
	25~34 岁	0.379 ***	1.46
	35~44 岁	0.319 ***	1.38
	45~54 岁	−0.104	0.90
	55 岁及以上	−0.452 ***	0.64
	教育水平（参照组：小学及以下）		
	初中	0.363 ***	1.44
	高中/中专	0.493 ***	1.64
	大学专科	0.575 ***	1.78
	大学本科	0.301 ***	1.35
	研究生	0.031	1.03
	户口（参照组：农业户口）		
	非农业	0.012	1.01
流动特征	流入地（参照组：西部地区）		
	中部	0.009	1.01
	东部	0.309 ***	1.36
	流动范围（参照组：省内流动）		
	跨省流动	−0.403 ***	0.67
社会经济特征	月总收入（参照组：1500 元以下）	0.220 ***	1.25
	1500~3500 元	0.349 ***	1.42
	3500~5500 元	0.508 ***	1.66
	5500~7500 元	0.498 ***	1.65
	7500 元以上		
	住房（参照组：其他）		
	自建/自购	1.044 ***	2.84
	邻里关系（参照组：同乡来往）		
	非同乡来往	0.292 ***	1.34

注：*、** 和 *** 分别表示在10%、5% 和1%的统计水平上显著。

第五节 本章小结

基于 CMDS2016 数据从职业特征、个体特征、流动特征、社会经济特征四个方面分析农村转移劳动力城市居留意愿微观决策机制，得出以下结论：

第一，在职业特征中，"自雇"农村转移劳动力城市居留意愿显著高于"他雇"农村转移劳动力；与劳力型农村转移劳动力相比，从事投资型职业农村转移劳动力的城市居留意愿相对较低，而从事智力型职业的农村转移劳动力城市居留意愿与其不存在显著性差别。第二，在个体特征中，性别和户口对农村转移劳动力城市居留意愿不存在显著性影响，但婚姻、年龄、受教育水平对农村转移劳动力城市居留意愿具有显著影响。其中，年龄和受教育水平对农村转移劳动力城市居留意愿呈现先上升后下降的倒 U 型影响。第三，在流动特征中，省内流动的农村转移劳动力城市居留意愿显著高于跨省流动的农村转移劳动力；与流入到西部农村转移劳动力相比，流入到东部农村转移劳动力的城市居留意愿更高。第四，在社会经济特征中，月总收入、住房类型和邻里关系对农村转移劳动力城市居留意愿具有显著影响。其中，月总收入越高，农村转移劳动力城市居留意愿越高；拥有自建或自购住房农村转移劳动力城市居留意愿显著高于无自有住房农村转移劳动力；邻里关系越好的农村转移劳动力城市居留意愿越强。

第四章

外出务工经历对农村劳动力
非农就业选择的影响分析

　　党的十九大报告提出实施乡村振兴战略，2021 年中共中央又出台了《中共中央　国务院关于全面推进乡村振兴加快农业农村现代化的意见》。在乡村振兴过程中，需让更多的农民加入工业、服务业的队伍里来，实现农村劳动力的非农就业转移。一方面，农村剩余劳动力通过非农转移，能够加快农村细碎化土地流转，缓解农村人地矛盾，促进农村农地的规模产业化生产。另一方面，农村劳动力转移到非农产业，参与非农创业活动，有利于乡村产业振兴，进而缩小城乡经济发展差距。根据农民工动态监测报告显示，2014～2020 年，本地农民工从 10574 万人增加到 11601 万人，年均增速达到 1.62%，本地农民工数量逐年增加，表明越来越多的农民工返回乡村就业。这些具有外出经历的农村劳动力，在个人意识上寻求上进，愿意谋求更好的经济发展之路，经历了大城市的知识、技术、环境的熏陶，拥有某项技能后，返乡非农就业为乡村发展注入新活力，为乡村振兴提供人才支持，分析具有外出经历对农村劳动力非农就业选择的影响，对我国经济发展研究具有越来越重要的意义。

第一节　文献综述

　　学者从代际差异、流动特征、土地流转行为以及互联网使用度等多个视角分析农村劳动力外出务工经历对非农就业行为的影响。杨忍等（2018）通过对比返乡劳动力与从未外出劳动力，得出年龄越小、教育程度越高、家庭务农人数和务工人数越少、农田面积越小、距离县城越近的农村劳动力从事非农就业的概率越大。谢勇和周润希（2017）认为，农村劳动力在返乡前的就业经历与返乡后的就业选择具有一定显著的相关关系，且随着人力资本水平、个人能力的提高，返乡农民工从事非农就业的概率显著上升。程名望和潘烜（2012）认为，男性文化程度更高，接受过职业教育或培训的农村劳动力更倾向于选择非农就业。悦中山等（2009）从代际差异视角切入分析发现与老一代相比，新生代劳动力非农就业选择倾向和返乡意愿方面有显著差异，新生代农民工更愿意留城并且有更强的非农职业转化倾向。殷江滨和李郇（2013）从流动特征切入分析发现，2000 年以后，回流、在外务工时间较长、变换工作次数较多的具有丰富外出工作经历的回流农村劳动力更倾向于非农就业。袁超和张东（2021）将返乡女性劳动力与从未外出劳动力对比，得出外出务工经历显著提升了农村女性的非农就业选择倾向。马俊龙和宁光杰（2017）从互联网使用进行研究，发现互联网使用通过提高社会资本、减少家务劳动两个路径增加了农村劳动力的非农就业转移。以上大部分学者都认为，外出经历对非农就业选择有正向关系，但是也有学者提出了相反的观点，胡枫和史宇鹏（2013）认为，回流农民工是外出流动农民的负向选择，在严格定义"非农收入超过 3000 元为非农就业"后，外出经历对非农就业甚至有负向影响。

学术界从不同的视角为农村劳动力非农就业选择给出了实证解释，为本书提供了参考。但从外出务工经历视角研究农村劳动力非农就业选择的影响较少，且对于内生性问题的考量不够充分。影响农村劳动力的外出选择的劳动者的个体特征、人力资本水平、家庭特征、土地特征、村居特征等因素，也同时影响农村劳动力的非农就业选择，可能导致模型研究结果出现较大偏差。目前外出务工经历对非农就业选择的研究中，较少在模型设计中直接考虑内生性的问题。而在农村土地流转与非农就业的研究方面，已经开始把内生性研究方法直接运用在模型设计当中，如梁远等（2021）运用倾向匹配

（PSM）模型，得出劳动力流动与农地流动的动态关系程度越高，越能够促进农户家庭可支配收入的增加；孙小宇等（2021）运用 PSM 模型，发现外出从业经历和农地流转共同促进了农村劳动力非农转移，农地流转在外出务工经历对非农就业转移的影响中发挥了局部中介效应。本章将具有外出经历的返乡劳动力作为处置组样本，将从未外出的农村留守劳动力作为反事实对照样本，以倾向匹配得分（PSM）模型研究外出务工经历对农村劳动力非农就业的选择的影响，为乡村振兴和推进城镇化提出政策建议。

第二节　模型假设

在外出务工对农村劳动力非农就业选择的研究中，外出从业经历并不是外生变量，而是农村劳动力基于家庭状况和自身比较优势进行自我选择的结果。首先，外出务工经历的获得受到个人特征、家庭条件、居住环境等的影响，直接研究外出从业经历对农村劳动力非农就业转移的影响会存在内生性的问题。而同时影响外出务工经历和非农就业选择的混淆变量过多，通过工具变量法处理内生性问题难度较大，选择倾向匹配得分法（PSM）处理内生性具有一定优势。因此本书以有外出务工经历的农村劳动力作为处理组，选择没有外出从业经历的农村留守劳动力作为反事实对照组（控制组），构建选择倾向匹配（PSM）模型。其次，为进一步分析外出务工经历对非农就业选择的影响路径，探究具有外出务工经历的农村劳动力非农就业选择的核心影响因素，构建中介效应模型分析外出务工经历对农村劳动力非农就业选择的影响机理。据此提出以下理论假设：

假设 1：即使是在具有相同个体特征、人力资本水平特征、家庭特征、土地特征、村居特征的反事实样本（从未外出的农村劳动力）对照下，具有外出务工经历的农村劳动力依然更倾向于选择非农就业。

外出务工经历使农村劳动力获得了个体能力提升、认知改变，相比拥有相同个体特征、人力资本水平、家庭特征、土地特征、村居特征的农村留守劳动力，更倾向于非农就业。首先，农村劳动力通过在资本、技术密集程度更高的二、三产企业参与工作，受到工业化城市的生活模式和消费观念的影响，感受到城乡经济水平的差异以及非农就业与务农之间的收入差距，自然想要获得更高的经济收入，在攀比心理和就业惯性的驱使下，外出务工的农村劳动力在返回农村后也不再愿意从事农业劳作，而是期望从事经济收入更高的非农就业。其次，农村劳动力通过在大城市务工，锻炼非农就业能力，增加返乡后获得非农就业的机会，返乡劳动力相比农村留守劳动力更有可能获得非农就业机会。

假设 2：外出务工经历通过影响农村劳动力工作经验的增加，进而影响农村劳动力的非农就业选择。

假设 2-1：外出务工经历通过影响农村劳动力参与技能培训的意识，进而影响农村劳动力的非农就业选择。

假设 2-2：外出务工经历通过影响农村劳动力参与社会网络的接触度，进而影响农村劳动力的非农就业选择。

农村劳动力通过外出务工经历能够获得工作经验的提升。在农村大部分劳动力只接触过农业，只有少数从未外出的农村劳动力能够从事非农就业，并且由于农村非农就业机会有限，非农就业岗位的选择相对狭隘，很难像在大城市那样频繁地进行岗位的变动，限制了农村劳动力非农就业经验的获得。农村劳动力通过外出务工，能够在各种非农岗位之间进行流动，获得了更丰富的工作经验，使得返乡后能够从事非农就业，或者在农村进行非农创业活动。

第三节　数据来源与变量选取

一、数据来源

农村劳动力在跨地区流动过程中，通过外出务工，能够吸取发达地区的先进技术、经验和观念，提升自身的人力资本、技术生产力水平等。同时，通过劳动力的回流，能够实现知识、技术资本的跨地区流动。返乡农村劳动力是指广义上的农村户籍劳动力，即出生时为农村户口，为了获取知识、技术以及更好的就业机会而跨县市流动，并最终回到户籍所在地从事工作的劳动力。本章数据基于中国劳动力动态调查（CLDS2018）所得问卷样本，其样本来自中国除港澳台、西藏、海南以外的 29 个省份，调查内容覆盖了教育经历、就业经历、迁移经历、健康等诸多研究。根据中国劳动力动态调查数据（CLDS）定义的工作为从事有收入的活动，家务劳动者、家庭主妇、在读或刚毕业仅有实习经历的学生以及没有收入的劳动者不属于本书的劳动力范畴。在追踪调查方式上，采取轮换样本追踪方式，通过新增或追访抽取的家庭户样本进行居住地实地调查，获取样本家庭户中 15～64 岁全部个体劳动力的样本数据，最终形成个体数据、家庭数据、村居数据三个体系的截面数据，对本书农村劳动力的动态调查研究提供高质量的追踪调查数据。

结合 CLDS 数据问卷的内容设计和数据完整性，根据年龄、出生时户籍性质以及劳动力在 14 岁时所在县与户籍地所在县相一致的三个条件，剔除了在户籍地所在县外居住的流动人口，以及在户籍地所在县外工作的临时性返乡劳动力样本，圈定文章所研究的农村劳动力样本；再根据问卷具体的迁移经历，将农村劳动力区分为有外出务工经历的农村劳动力与从未外出的农村劳动力样本。样本界定具体包括四个方面：（1）农村户口；（2）年龄在 16～64 岁；（3）劳动力在 14 岁时所在县、当前居住地与户籍地三者一致；（4）2017 年以来在县内（包括县城、乡镇、村）有工作。经过上述筛选，剔除重要变量缺失样本后，留存了 6670 个劳动力样本。

二、变量选取

将返乡劳动力和留守劳动力的非农就业选择作为被解释变量，将外出务工经历作为主要解释变量（见表 4 – 1）。

表 4 - 1　　　　　　　　　　　变量选取及数据描述

变量		定义与赋值	样本数	均值	方差
被解释变量	非农就业	最近一份工作的类型；务农 = 0，雇员/雇主/自雇 = 1	6670	0.441	0.497
	外出务工	没有 = 0，有 = 1	6670	0.066	0.247
控制变量	性别	女 = 0，男 = 1	6670	0.550	0.498
	婚姻	未婚 = 0，已婚 = 1	6670	0.904	0.295
	年龄	年龄大小	6670	47.554	10.669
	教育	未上过学 = 0，小学 = 1，初中 = 4，高中/职校/中专 = 7，大专 = 10，本科 = 12，硕士 = 15	6670	3.531	3.005
	有没有务农经历	有务农经历 = 0，没有务农经历 = 1	6670	0.279	0.448
	资格证书	获得专业技术资格证书或者国家职业资格证书；没有 = 0，有 = 1	6670	0.105	0.307
	社交网络接触度	使用手机微信、QQ 等社交软件的频率；不使用 = 0，很少/偶尔 = 1，经常使用 = 2	6670	0.989	0.876
	网络使用深度	网上购物的频率；不使用 = 0，很少/偶尔 = 1，经常使用 = 2	6670	0.425	0.653
	工作经验	工作以来有过几次工作经历	6670	1.456	1.141
	政府培训	参加政府提供的就业技能或者创业培训；没有 = 0，有 = 1	6670	0.070	0.255
	政府培训次数	参加政府培训次数	6670	0.186	1.656
	家庭子女数	家庭中兄弟姐妹个数	6670	3.342	2.008
	家庭互联网接入度	家庭互联网使用情况；不上网 = 0，只使用手机或只使用电脑上网 = 1，既使用电脑也使用手机上网 = 2	6670	1.098	0.763
	土地	家中土地亩数	6670	6.545	18.542
	征地	家里是否有土地被征用，没有 = 0，有 = 1	6670	0.063	0.242

（一）被解释变量

非农就业：农村劳动力在调查前最近一份工作的就业类型作为非农就业变量。CLDS 问卷的就业类型分为雇员、雇主、自雇和务农四种类型，其中雇员、雇主和自雇为非农就业类型。

（二）核心解释变量

外出务工经历：本书将外出务工经历作为核心解释变量。农村劳动力跨县市务工并居住 6 个月以上最终返回原户籍地，视为有外出务工经历。

（三）其他控制变量

所用 PSM 方法中的控制变量是同时影响农村劳动力外出经历和非农就业选择的混淆因素。现有的关于农村劳动力外出务工决策的研究表明，农村劳动力的个体性别特征、人力资本水平、家庭人口规模、家庭相对剥夺感等显著影响农村劳动力的外出务工决策（盛来运，2007）。其中，较低学历人数对农村外出务工规模具有正向影响，学历越高反而对外出务工规模具有反向影响（姚静，李小建，2008）。外出务工经历受到互联网、区域差异等因素影响，个体社会网络以及地区异质性对农村劳动力外出务工的选择起着至关重要的作用，地区异质性越大，农村劳动力越可能向城市转移，并且回流的可能越小（胡金华等，2010）。还有培训、外出经历等因素会影响农民外出就业（宁光杰，2012）。另外，相比于老一代农村农民工，新生代农村劳动力更倾向于通过外出务工以获得人力资本和社会资本（悦中山，2009）。据此，从个体特征、人力资本特征、家庭特征、土地特征、村居特征等方面选取控制变量。其中，个体特征包括样本农村劳动力的年龄、性别、婚姻；人力资本特征为农村劳动力的教育水平；家庭特征包括农村劳动力家庭子女数、家庭互联网接入度、是否有务农经历；土地特征包括土地面积、是否征地；村居特征包括政府培训、政府培训次数。

另外，在排除了从未外出的农村劳动力在农村也能接触到的人力资本、家庭、土地、村居等方面因素，把由劳动力个体选择、可以通过外出务工改变的个体特征作为可能的中介变量，包括资格证书、互联网社交接触度、互联网使用深度、工作经历次数、教育等。

第四节　外出务工经历对农村劳动力非农
就业选择影响的实证分析

一、PSM 估计

（一）倾向匹配得分

分析外出务工经历对农村劳动力非农就业选择，存在个体自我选择导致的偏差。因此，选用倾向得分匹配（PSM）模型，以从未外出的农村劳动力作为反事实对照组，具有外出务工经历的农村劳动力作为控制组，控制两组样本的可观测特征，以获得更加准确的实证结果。表 4－2 是以外出务工经历为因变量，以同时影响外出务工和非农就业选择混淆控制变量为自变量，建立的 Logit 模型回归结果，从而获得各变量的倾向得分。模型（1）是剔除教育、没有务农经历变量后，其他控制变量对外出务工经历的 Logit 回归结果，模型（2）是全部控制变量对外出务工经历的回归结果。模型（1）中，家庭互联网接入度对外出务工经历的影响显著；模型（2）加入教育、没有务农经历变量后，家庭互联网接入度对外出务工经历的影响不显著。这是由于教育、没有务农经历与家庭互联网接入度之间具有相关性，家庭互联网接入度越高，代表一个家庭经济水平越高，越有可能从父母一辈便开始从事非农产业，这样家庭的子女越有可能获得更好的教育资源。因此，即使在模型（2）中家庭互联网接入度变量对外出务工经历的影响不显著，也应该作为控制变量。

表 4－2　　　　　　　　倾向分值的 Logit 估计结果

控制变量	外出务工经历	
	模型（1）	模型（2）
性别	0.641 *** （0.108）	0.506 *** （0.109）

续表

控制变量	外出务工经历	
	模型（1）	模型（2）
婚姻	0.059 (0.200)	0.005 (0.199)
年龄	0.034 (0.038)	0.081 ** (0.039)
年龄^2	−0.001 * (0.000)	−0.001 *** (0.000)
教育	—	0.186 *** (0.025)
没有务农经历	—	0.204 * (0.122)
政府培训	0.385 ** (0.190)	0.231 (0.193)
政府培训次数	0.091 *** (0.030)	0.060 ** (0.028)
家庭子女数	0.042 (0.027)	0.074 *** (0.028)
家庭互联网接入度	0.198 *** (0.070)	0.019 (0.073)
土地	−0.089 *** (0.016)	−0.075 *** (0.015)
征地	0.087 (0.198)	0.172 (0.198)
常数	−3.050 *** (0.765)	−4.767 *** (0.821)
样本数	6206	6206

注：*、** 和 *** 分别表示在 10%、5% 和 1% 的统计水平上显著。

从表 4－2 可以看出，性别、年龄、教育、没有务农经历、政府培训、政府培训次数、家庭子女数、家庭互联网接入度、土地等控制变量对外出务工经历有显著影响。在个体特征方面，男性更倾向于外出务工，年龄对外出务工的影响呈现倒 U 型关系；在人力资本水平特征方面，受教育水平越高的劳动力更倾向于外出务工；在家庭特征方面，家庭子女数越多、没有务农经历、家庭互联网接入度越高的劳动力更倾向于外出务工；在村居特征方面，参加政府培训次数对外出务工有显著正向影响。

根据外出务工经历的倾向匹配得分，选择多种匹配方法来平衡处置组（外出务工返乡农村劳动力）和控制组（从未外出的农村劳动力）的混淆变量差异，包括近邻匹配（一对 n）（nearest neighbor matching）、卡尺匹配（caliper matching）、半径匹配（radius matching）。匹配结果如表 4 - 3 所示。

表 4 - 3　　　　基于倾向得分匹配法的 ATT 估计结果

匹配方法	处理组	控制组	差距	标准误	T 值
匹配前	0.652	0.383	0.269	0.024	11.19
一对一匹配	0.647	0.578	0.069	0.039	1.77
一对四匹配	0.647	0.573	0.074	0.029	2.5
卡尺匹配（0.01）	0.634	0.557	0.076	0.029	2.65
半径匹配（0.01）	0.634	0.571	0.062	0.026	2.42

注：*、** 和 *** 分别表示在 10%、5% 和 1% 的统计水平上显著。

（二）匹配后的均衡检验

采用近邻匹配得分方法处理后得出的处置组和控制组的年龄、性别、婚姻、教育、家庭子女数、家庭互联网接入度、是否有务农经历、土地面积、是否征地、政府培训、政府培训次数等控制变量的均值偏差全部在 10% 以内，说明匹配结果较好地平衡了外出务工后返乡劳动力和农村留守劳动力在个体特征、人力资本特征、家庭特征、土地特征、村居特征等方面的差异（见表 4 - 4）。

表 4 - 4　　　　　　　　　匹配前后处置组与控制组误差消减

控制变量	匹配前后	外出务工		标准偏误%	误差消减%
		处置组	控制组		
性别	U	0.684	0.541	29.7	88.5
	M	0.681	0.665	3.4	
婚姻	U	0.899	0.918	-6.5	62.1
	M	0.898	0.905	-2.5	
年龄	U	45.446	48.711	-31.9	84.8
	M	45.512	46.006	-4.8	
年龄^2	U	2172.4	2474.5	-32.8	86
	M	2179.1	2221.4	-4.6	
教育	U	4.398	2.899	55.3	86.2
	M	4.284	4.077	7.6	
没有务农经历	U	0.405	0.225	39.4	88.9
	M	0.400	0.380	4.4	
政府培训	U	0.117	0.058	20.7	16.4
	M	0.102	0.151	-17.3	
政府培训次数	U	0.499	0.128	17.9	-76.5
	M	0.258	0.913	-31.6	
家庭子女数	U	3.238	3.477	-12.5	49
	M	3.263	3.385	-6.4	
家庭互联网接入度	U	1.259	1.036	30	86.5
	M	1.247	1.216	4	
土地	U	2.848	7.111	-30.1	98.2
	M	2.894	2.969	-0.5	
征地	U	0.073	0.063	4.2	11.2
	M	0.074	0.065	3.7	

注：*、** 和 *** 分别表示在10%、5%和1%的统计水平上显著。

二、处置效应

在控制了对外出务工选择有影响的年龄、性别、婚姻、教育、家庭子女数、家庭互联网接入度、是否有务农经历、土地面积、是否征地、政府培训、政府培训次数等混淆因素后，再进行二元 Logit 回归，结果显示外出务工经历仍对返乡非农就业具有显著的促进作用。与留守农村劳动力相比，务工返乡的劳动力从事非农就业比务农的概率高 7.5%。

其他劳动力样本特征的回归结果显示，男性劳动力比女性劳动力更倾向于非农就业，年龄对非农就业选择的影响仍显著呈现倒 U 型影响，越高的教育水平、获得技能证书、没有务农经历对非农就业仍具有显著正向影响。政府培训对非农就业有显著负向影响，但政府培训次数对非农就业有显著正向影响。这可能是因为农村政策实施效率偏低，非农培训深度、培训力度较低，对农村劳动力的非农转移影响较小，而多次进行政府培训后，培训模式和培训深度较为成熟后才会对农村劳动力的非农转移产生显著影响（见表4－5）。

表 4－5   PSM 后外出务工经历对非农就业的 Logit 回归

控制变量	非农就业	
	系数	边际效应
外出务工经历	0.589 *** (0.163)	0.075 ***
性别	0.350 ** (0.149)	0.044 *
婚姻	−0.044 (0.283)	−0.006
年龄	0.103 * (0.059)	0.013
年龄^2	−0.001 ** (0.001)	−0.000 *
教育	0.265 *** (0.034)	0.034 ***
没有务农经历	3.139 *** (0.228)	0.398 ***
政府培训	−0.583 ** (0.283)	−0.074 *

续表

控制变量	非农就业	
	系数	边际效应
政府培训次数	0.147 ** (0.067)	0.019 *
家庭子女数	0.006 (0.040)	0.001
家庭互联网接入度	0.525 *** (0.097)	0.066 ***
土地	− 0.213 *** (0.027)	− 0.027 ***
征地	0.051 (0.254)	0.006
常数	− 3.488 *** (1.269)	
样本数	1740	1740

注：* 、** 和 *** 分别表示在10% 、5%和1%的统计水平上显著。

三、中介效应

采用逐步回归法，对农村劳动力通过外出经历有可能获得的个人能力提升，产生中介效应。研究发现，务工返乡的劳动力主要通过外出经历提升工作能力，即工作经历次数的增加。模型（3）是没有加入中介变量前外出务工经历对非农就业的 Logit 回归结果；模型（4）是外出务工经历对中介变量工作经验的 Logit 回归结果；模型（5）是加入中介变量后外出务工经历对非农就业的 Logit 回归结果。根据表 4 - 6 显示，外出务工经历对工作经验的系数为正，在1%的统计水平上显著，加入工作经验中介变量后，外出经历对非农就业的影响系数显著下降，从 0.576 下降到 0.348，说明工作经验变量十分有力地解释了外出务工经历对非农就业的促进机制。外出务工经历通过工作经验变量对非农就业影响发挥了局部中介效应。加入工作经验变量之后，外出务工经历对非农就业的影响系数显著下降，但依然显著，中介效应占比约为40%。说明工作经验的增加有力地解释了外出务工后返乡的农村劳动力非农就业转移的原因，通过增加农村劳动力的工作经验能够促进农村劳动力的非农就业转移。此外，外出务工对农村劳动力非农就业的影响还存在不能够通过工作经验等可以观测到的变量之外的影响因素，这可能是劳动者个人思维、认知等方面的改变造成的。

表4-6　　　　　　　　工作经验的中介效应检验结果

变量	非农就业	工作经验	非农就业
	模型（3）	模型（4）	模型（5）
外出务工经历	0.576 *** (0.164)	0.504 *** (0.071)	0.348 * (0.182)
工作经验	—	—	0.369 *** (0.104)
控制变量	控制	控制	控制
技能证书	0.957 ** (0.459)	0.199 (0.181)	0.918 * (0.483)
技能证书数量	-0.037 (0.273)	0.040 (0.106)	-0.069 (0.293)
常数	-3.539 *** (1.276)	2.936 *** (0.785)	-4.489 *** (1.319)
样本数	1740	1740	1740

注：*、** 和 *** 分别表示在10%、5%和1%的统计水平上显著。

第五节　本章小结

本章运用CLDS2018年的数据，研究外出务工经历对农村劳动力非农就业选择的影响，由于外出务工经历是劳动者在家庭环境、村居环境基础上进行的自我选择，将从未外出的农村留守劳动力作为参照样本引入PSM模型，在排除了劳动者即使是在农村也能够接触到的影响因素后，研究外出务工经历对农村劳动力的非农就业选择的作用。另外，选择农村劳动力在外出务工经历中可能获得的能力变化、认知变化等变量进行中介效应分析，对非农就业选择进行归因。最终得出了以下结论：一是即使是在具有相同个体特征、人力资本水平特征、家庭特征、土地特征、村居特征的反事实样本（从未外出的农村劳动力）对照下，具有外出务工经历的农村劳动力依然更倾向于选择非农就业。外出务工经历使得农村劳动力的非农就业转移倾向提高7.5%。二是开展政府培训不一定会促进非农就业转移。政府培训对非农就业有显著负向影响，而多次参加政府培训对非农就业有显著正向影响。说明单次的政府就业技术培训对农村劳动力非农能力的改善效果较差，可能会由于政策实施不到位或者技术培训难度较大产生反效果，多次的政府技能培训才能够增加发挥非农就业转移的作用。三是外出务工经历通过工作经验变量对非农就业影响发挥了局部中介效应，中介效应占比约为40%。表明工作经验的增加有力地解释了外出务工后返乡的农村劳动力非农就业转移的原因，通过增加农村劳动力的工作经验能够促进农村劳动力的非农就业转移。

第五章

互联网使用对农村转移劳动力
回流创业选择的影响分析

就业是解决民生问题的根本，而鼓励农村转移劳动力创业在促进农村就业、农村转移劳动力增收、乡村产业振兴中发挥着关键作用。但农村转移劳动力获取信息、技术、金融等现代生产要素的能力较弱，限制农村地区一部分创新创业活动的开展，而互联网作为一个巨大的信息交流平台，能够打破空间阻碍，缩短人与人之间的交流时间，依托电商的互联网平台创业，拓宽农产品销路，将对农村转移劳动力创业起到推动作用。国家数字乡村战略的提出也为农村互联网使用奠定良好基础，据中国互联网络信息中心（CNNIC）数据显示，2020 年我国农村网民数达到 2.55 亿人，占网民总数的 28.2%。互联网普及率的提高，能显著提高资源配置效率，为农村转移劳动力使用互联网创造良好的外部环境。本章通过探讨互联网使用对农村转移劳动力创业选择的影响机制具有重要的理论与现实意义。

第一节　文献回顾

已有研究主要从信息获取、人力资本、社会资本等方面探讨互联网使用对微观个体创业的影响。首先，互联网作为一项重要的社会资源，在帮助劳动者获取信息、识别就业机会等方面起到重要作用（华昱，2018；杨学儒等，2018）。但由于农村转移劳动力创业选择信息获取渠道单一，农村转移劳动力获取信息质量较低（赵媛等，2016；董晓林等，2017），而互联网能够有效帮助农村转移劳动力克服信息不对称，降低信息搜集成本，提高农村转移劳动力获取信息质量（马继迁等，2020；周鸿卫等，2019）。农村转移劳动力通过使用互联网减小信息交易费用，提高信息获取效率（张江洋等，2015；罗明忠，陈江华，2016），获得其创业所需信息，进而提高农村转移劳动力创业概率。吴本健等（2014）通过实证分析得出社会网络对农村转移劳动力创业具有资金积累效用和信息积累效用。高静和贺昌政（2015）分析信息能力对农村转移劳动力识别创业机会的影响，得出农村转移劳动力信息获取能力对创业机会识别具有显著影响。其次，互联网为农村转移劳动力提供巨大的信息交流平台，改变传统人力资本获取方式，促进农村转移劳动力人力资本提升（王建华，李俏，2012）。互联网的发展改变了传统教学方式，线上课程的普及推动远程学习的快速发展，便于农村转移劳动力提升人力资本，进而提升创业选择概率（何婧等，2017；刘宏，马文瀚，2017）。苏岚岚和孔荣（2020）认为，农村转移劳动力受教育水平越高，通过互联网参与培训等方式获取知识的能力就越强，农村转移劳动力创业增收效应越大。马俊龙和宁光杰（2017）认为，互联网的使用促进远程学习，而这种网上学习资源将提升受教育水平高的农村劳动者的人力资本，从而促进农村劳动者的非农就业。李飚（2018）将个体深入使用互联网提高技能水平的现象称为"数字人力资本"，数字人力资本会对创业者收入产生正向影响。最后，部分研究发现互联网可以通过帮助农村转移劳动力扩宽交际范围，促进农村转移劳动力与外界交流，提升社会资本，进而影响农村转移劳动力创业选择。互联网拥有较强的社会互动性，随着互联网的不断发展，各种社交软件、论坛、短视频的投入使用将增强农村转移劳动力与外界的互动，扩宽交际圈，提升社会资本。张思阳等（2020）认为，农村转移劳动力的互联网使用将增加其虚拟社会资本，并在一定程度上转化为现实社会资本，从而促进其社会资本的积累，最终提高回流创业意愿。赵羚雅和向运华（2019）认为，互联网的使用将促进农村转移劳动力与他人沟通交流，有利于扩展社会关系网，增加社会资本，进而提高农民参与非农就业的可能性。周洋和华语音（2017）认为，互联网使用将促进农村地区社会交往和信息获取，使用互联网的农村转移劳动力比不使用互联网的农村转移劳动力创业概率高 3.83%。

综上所述，现有文献提供了理论基础，本章将探讨互联网使用对农村转移劳动力创业选择的影响，分析社会资本和融资渠道的作用机制，并进一步探讨互联网使用对农村转移劳动力创业选择影响的地区差异与代际差异。

第二节　研究假设

信息效应理论认为信息掌握越充分越有利于科学决策，而互联网具有较强的信息传递作用，从而对农村转移劳动力创业决策产生积极作用。一方面，具有覆盖面广、传递信息快特征的互联网为农村转移劳动力提供丰富创业信息。同时，网络上丰富的创业成功案例也对农村转移劳动力创业起到积极示范作用，提升农村转移劳动力创业信心（张广胜，柳延恒2014）。另一方面，互联网为农村转移劳动力节约获取信息成本，从而有更多资金创业，减少创业压力，提高创业积极性（胡雅淇，林海，2020；董玉峰等，2016）。同时随着互联网普及，直播带货等新型创业模式也相继出现，信息化社会创新效率的不断提高，创业活动得到蓬勃发展，互联网创业有效降低了创业门槛和成本（董玉峰等，2016；许佳荧，张化尧，2016）。此外，随着互联网短视频和物流业等现代服务业的发展，促进电商跨市、跨省和跨国交易，扩宽农产品销售渠道，引导农村转移劳动力创业。基于此，提出假设1。

假设1：互联网使用对农村转移劳动力创业决策具有显著正向影响。

互联网传播信息能打破时间和空间约束，加快信息传播速度，促进农村转移劳动力与外界沟通交流。互联网沟通具有隐蔽性、便捷性，农村转移劳动力不需要面对面就能交流，但同样可以建立农村转移劳动力之间的关系，形成虚拟社会资本，并作为一种关系渠道帮助主体获取外部资源（张扬，陈卫平，2019）。虚拟社会资本在后工业社会已经不仅是指有形的劳动资料，而更多地表现为有利于提高生产效率的相关信息（付晓燕，2013）。农村转移劳动力通过社交软件、公众号、论坛等网络平台沟通交流，降低交流成本，获得传统沟通渠道无法实现的好处，提高社会资本。此外，农村转移劳动力将通过微信、QQ 等方式增强与亲戚朋友的沟通交流，维系已有社会资本，甚至可以扩大交际圈，形成新的社会资本（史恒通等，2018）。互联网为农村转移劳动力创业累积社会资本，社会资本能为农村转移劳动力间接带来创业技术经验和社会资源，在一定程度上降低农村转移劳动力创业失败概率，进而提高创业可能性。因此，提出假设 2。

假设 2：互联网使用通过提高农村转移劳动力社会资本的方式间接影响农村转移劳动力创业决策。

创业决策首先取决于创业资金是否充足，银行等正规金融机构贷款能在一定程度上缓解农村转移劳动力自有资金不足问题。农村转移劳动力创业资金主要来源于亲朋好友的借款，而不是向银行或其他金融机构借款，这和农村转移劳动力信息相对闭塞、不能及时了解金融机构借贷信息有关（伍艳，2019）。正规金融机构相较于民间借贷等非正规金融机构而言，缺乏人缘、血缘等优势（高艳，2007；王元，2006），农村转移劳动力与正规金融机构间存在信息不对称，同时银行也无法全面了解农村转移劳动力还款能力。互联网的普及与大数据的应用，能帮助银行更加精准地识别风险，并及时提供各大金融机构借贷信息，缓解农村转移劳动力信息不对称，提高农村转移劳动力向正规金融机构借款的可能性，进而促进农村转移劳动力创业（杨明婉，张乐柱，2021；张三峰，2013）。同时，互联网在为农村转移劳动力提供正规借贷信息时还为农村转移劳动力提供线上咨询服务（童馨乐，2015），帮助农村转移劳动力了解不同贷款之间的差异及最有利于农村转移劳动力创业的贷款类型，从而更有利于促进农村转移劳动力创业。此外，互联网使用还能提高农村转移劳动力金融资源配置效率，促进对外投资和提高创业概率（彭继权，2021）。因此，提出假设 3。

假设3：互联网使用通过扩大农村转移劳动力融资渠道的方式间接影响农村转移劳动力创业决策。

第三节　变量说明与模型构建

一、变量选择

使用数据来源于2018年中国家庭追踪调查（CFPS）数据库，该数据是由北京大学中国社会科学调查中心（ISSS）组织实施，样本覆盖全国25个省份，具有较强代表性。

被解释变量：创业决策，即农村转移劳动力是否选择创业。根据问卷中"您主要工作类型属于哪种？"结果，将回答为"自家农业生产经营"和"私营企业/个体工商户/其他自雇"的农村转移劳动力定义为创业的农村转移劳动力样本，并赋值为1；将回答为"农业打工"和"非农受雇"的定义为未创业的农村转移劳动力样本，并赋值为0。创业类型，借鉴马继迁（2020）的做法，按照购买保险情况将创业类型划分为生存型创业和机会型创业。根据问卷中"以个体或者私营业主的身份缴纳了/这份工作提供哪些保险"结果，将回答为"养老保险、医疗保险、失业保险、工伤保险、生育保险"的任何一种赋值为1，表示为机会型创业；将回答为"以上都没有"赋值为0，表示生存型创业。

解释变量：互联网的使用，根据问卷中"您是否使用移动设备上网"结果，将回答为"是"定义为"互联网使用"，并赋值为1；将回答为"否"定义为"不使用互联网"，并赋值为0。

控制变量：考虑到农村转移劳动力的创业行为受到个体和家庭特征等因素的影响，本章主要从个体和家庭两方面来选取控制变量。（1）年龄。不同年龄农村转移劳动力对互联网接受程度和利用频率存在差异，进而对创业决策可能产生不同影响，故选取年龄控制变量，同时，考虑到创业者总体年龄，将选取 18~60 岁的农村转移劳动力。（2）受教育程度。农村转移劳动力互联网的使用可能受教育程度高低的影响，受教育水平直接决定了农村转移劳动力人力资本水平的高低，进而影响互联网使用效率，故选取受教育程度控制变量。根据问卷中"您已经完成的最高学历？"结果，将"文盲/半文盲、幼儿园学前班、小学和从未上过学"定义为"小学及以下"学历并赋值为 1，将"初中"学历赋值为 2，将"高中/中专/技校/职高"学历赋值为 3，将"大专、大学本科"定义为"大学"学历并赋值为 4，将"硕士、博士"定义为"大学以上"学历并赋值为 5。（3）婚姻。已婚农村转移劳动力与未婚农村转移劳动力在家庭层面存在较大差异，其创业决策可能存在较大差异，故选取婚姻状况为控制变量。根据问卷中"您的婚姻状况是？"结果，将婚姻状况为"有配偶"定义为"已婚"并赋值为 1，将"未婚、同居、离婚和丧偶"定义为"未婚"并赋值为 0。（4）性别。男性和女性在风险偏好、生理和家庭角色等方面存在较大差异，互联网使用在推动创业决策的作用方面同样存在差异，故选取性别控制变量。根据问卷中"您的性别是？"结果，将性别为"男"的样本赋值为 1，将性别为"女"的样本赋值为 0。（5）健康状况。创业需要付出巨大脑力和体力支出，农村转移劳动力健康状况对其创业决策存在差异，故选取健康状况控制变量。根据问卷中"认为自己的健康状况如何"结果，将回答"比较健康、很健康、非常健康"赋值为 1，将"不健康、一般"赋值为 0。（6）家庭人口数。家庭人数的多少直接影响家庭消费支出与家庭收入，进而影响创业自有资金的大小，从而对创业决策产生影响，故选取家庭人口数控制变量。根据问卷中"您家目前人口数"结果确定具体家庭人数。

表 5 - 1　　　　　　　　　　变量说明与描述性统计

	变量	变量定义	均值	标准差
被解释变量	创业决策	农业打工/非农受雇为 0，自家农业生产经营/私营企业/个体工商户/其他自雇为 1	0.390	0.488
	创业类型	是否以个体或者私营业主的身份缴纳养老保险、医疗保险、失业保险、工伤保险、生育保险？以上都没有为生存型创业，赋值为 0，有以上任一种为机会型创业，赋值为 1	0.344	0.475

变量		变量定义	均值	标准差
核心解释变量	互联网使用	是否使用移动设备上网，否为0，是为1	0.553	0.497
	社会资本	年度人情礼金支出对数	7.917	1.026
	融资渠道	首选借款对象是谁？朋友、亲戚、父母或子女或任何情况下都不会借钱为0，银行或非银行正规金融机构为1	0.298	0.457
控制变量	年龄	调查年份—出生年份	40.546	12.609
	受教育程度	小学及以下为1，初中为2，高中/中专/技校/职高为3，大学为4，大学以上为5	1.965	0.962
	婚姻	非婚姻状态为0，婚姻状态为1	0.774	0.418
	性别	女性为0，男性为1	0.494	0.500
	健康状况	认为自己的健康状况如何，不健康、一般为0，比较健康、很健康、非常健康为1	0.738	0.440
	家庭人口数	家庭成员数量	4.462	1.884

二、模型构建

被解释变量为二值变量，故选择 Probit 模型估计，具体表达式为：$P(y = 1 \mid x) = F(x,\beta) = \Phi(x'\beta) \equiv \int_{-\infty}^{x'\beta} \phi(t)\mathrm{d}t$，Probit 模型可以进一步表示为：$y_i = \beta_1 x_{i1} + \beta_2 x_{i2} + \beta_3 x_{i3} + \cdots + \beta_R x_{ik} + \varepsilon_i$。$y_i$ 为被解释变量，被解释变量为二值虚拟变量即农村转移劳动力的创业选择。x_{i1}，x_{i2}，$\cdots$，x_{ik} 为互联网使用以及年龄、受教育程度等控制变量。

第四节   实证分析

一、基准回归结果分析

表5-2中模型（1）结果表明互联网使用对农村转移劳动力创业决策具

有显著正向影响，与未使用互联网的农村转移劳动力相比，使用互联网的农村转移劳动力创业概率将提高19%。因此，假设1得到证实，互联网使用对农村转移劳动力创业决策具有显著正向影响。这可能是由于农村转移劳动力可以通过互联网了解最新行业信息、加强与外界联系、扩大社交范围，提升其社会资本，从而为其创业提供支持；通过互联网不断学习新知识、新技能，不断提高自身人力资本，提高其创业可能性；通过互联网金融等渠道获得创业资金支持，减少创业壁垒，提高其创业可能性。模型（2）结果表明互联网使用对农村转移劳动力创业类型同样具有显著正向影响，与生存型创业相比，机会型创业概率将提高25.8%。农村转移劳动力使用互联网提升创业概率的基础上进一步推动机会型创业概率的提升，主要是因为机会型创业对资金、创业者能力水平、社会人脉等要求更高，而农村转移劳动力通过互联网的使用能够缓解部分融资约束、促进人力资本提升、扩宽交际圈，且机会型创业能更加满足农村转移劳动力长远发展，因此互联网的使用对农村转移劳动力机会型创业影响更大。

表5-2　　　　　　互联网使用对农村转移劳动力创业的直接影响

变量		模型（1）		模型（2）	
		创业决策	标准误差	创业类型	标准误差
解释变量	互联网使用	0.190***	0.047	0.258***	0.077
控制变量	年龄	0.027***	0.003	0.012***	0.004
	受教育程度	0.352***	0.023	0.405***	0.028
	婚姻	-0.184***	0.053	0.061	0.068
	性别	0.245***	0.038	0.163***	0.053
	健康状况	0.109**	0.049	-0.057	0.077
	家庭人口数	-0.065***	0.011	-0.017	0.013
	样本数	2699		2699	

注：*、**和***分别表示在10%、5%和1%的统计水平上显著。

相关控制变量结果表明，年龄对农村转移劳动力创业决策具有显著正向影响，原因可能是年龄较低农村转移劳动力创业资金、社会经验等相对较少，在接触互联网后对其创业影响没有年龄较大的农村转移劳动力明显。同时年龄较大的农村转移劳动力更加追求稳定，在使用互联网后对其机会型创业影响更大。受教育水平对农村转移劳动力创业决策具有显著正向影响，原因可能是受教育水平代表着人力资本水平，农村转移劳动力人力资本水平高，使用互联网和外界沟通交流、学习创业相关知识及风险偏好相对较高，因此受教育水平高的农村转移劳动力创业可能性较高，同时受教育水平对农村转移劳动力机会型创业具有显著正向影响。在婚姻方面，未婚农村转移劳动力创业概率高于已婚农村转移劳动力，可能是由于未婚农村转移劳动力风险偏好较高，不用考虑创业失败带来的家庭问题，在使用互联网发掘新创业机会时会更可能付出实际行动，但婚姻对农村转移劳动力创业类型没有通过显著性检验。就性别而言，男性相较于女性而言其创业可能性更高，可能是因为男性拥有较高风险偏好，愿意尝试新鲜事，且男性往往是家庭中主要劳动者，因此互联网使用对男性创业概率影响高于女性，同样互联网使用对男性机会型创业影响更大。在健康状况方面，健康状况对农村转移劳动力创业决策具有显著正向影响，而在创业类型方面，健康状况对农村转移劳动力创业影响并不显著。家庭人口数与农村转移劳动力创业决策存在显著负向影响，家庭人口数越多越不利于农村转移劳动力创业决策，可能是因为目前创业成功率普遍不高，家庭人口数越多风险承担能力越弱。

二、内生性检验

互联网使用可能对农村转移劳动力创业决策起到促进作用，同时，农村转移劳动力也可能因为创业需要进而使用互联网，从而产生反向因果关系。由于基准模型回归中可能存在内生性问题，可能会对估计结果产生影响。因此，采用各省份的互联网普及率作为互联网使用的工具变量。一方面，省份互联网普及率与该省份农村转移劳动力互联网使用情况密切相关，两者有较强相关性；另一方面，互联网普及率与农村转移劳动力创业决策不存在直接关系，满足工具变量外生性要求。

表 5-3 为使用工具变量模型估计结果，创业决策和创业类型的阶段一

回归结果在1%统计水平下都显著为正，说明互联网普及率和农村转移劳动力互联网使用之间存在显著正向关系，即工具变量内生。创业决策阶段一F值为41.801，创业类型阶段一F值为16.881，根据临界值表（Stock and Yogo，2005），不超过10%的期望最大值的S-Y弱工具检验的F临界值是16.38，说明工具变量有较强解释力且无弱工具问题。内生性检验结果显示，互联网使用与农村转移劳动力创业决策和创业类型在1%统计水平下存在内生性。在考虑内生性后，互联网使用在1%统计水平下显著为正，说明互联网使用对农村转移劳动力创业决策创业类型都具有积极促进作用。

表5-3   **内生性处理：工具变量法**

变量	创业决策		创业类型	
	阶段一 互联网使用	阶段二 创业决策	阶段一 互联网使用	阶段二 创业类型
互联网使用		1.765 *** (0.322)		1.215 *** (0.368)
工具变量	0.007 *** (0.002)		0.161 *** (0.007)	
控制变量		Yes		Yes
观察值		5045		2699
一阶段 F 值		41.801		16.881
内生性检验 P 值		0.000		0.000

注：*、** 和 *** 分别表示在10%、5%和1%的统计水平上显著。

三、中介效应的回归分析

为进一步探讨互联网使用对农村转移劳动力创业决策的作用机制，将采用社会资本和融资渠道两个中介变量构建中介效应模型，其中，采用问卷中"家庭一年人情礼金数"结果表示社会资本大小；融资渠道采用问卷中"如果需要借较大一笔资金，首选借款对象是谁"结果描述，将回答为"朋友""亲戚""父母或子女"及"任何情况下都不会去借钱"定义为0，表示非正规金融渠道；回答为"银行"或"非银行正规金融机构"定义为1，表示正规融资渠道。

由表5-4可以看出，模型的整体拟合效果较好。其中，模型（3）表示互联网使用对农村转移劳动力创业具有显著正向影响，模型（4）表示互联网使用对农村转移劳动力社会资本同样具有显著正向影响，从模型（5）的结果来看，互联网使用、社会资本对创业决策的回归结果仍然显著。具体来讲，互联网使用对农村转移劳动力创业决策的影响系数从0.190变为0.185，系数变小，但是统计水平依旧显著，说明社会资本在农村转移劳动力创业决策中起到部分中介效应。农村转移劳动力可以借助互联网扩大社交范围，加强与亲朋好友的联系，形成新的社会网络并维系已有社会网络，同时还可以吸取别人创业经验和教训，从而提高其创业可能性，假设2得到验证。

表5-4　　　　　　　　　　　　　社会资本中介效应

变量	模型（3）		模型（4）		模型（5）	
	创业决策	标准误差	社会资本	标准误差	创业决策	标准误差
互联网使用	0.190***	0.047	0.197**	0.081	0.185***	0.047
社会资本					0.124***	0.039
控制变量	Yes		Yes		Yes	
常数项	0.794	0.634	7.232***	0.344	1.503**	0.731
样本数	2699		6303		4950	

注：*、**和***分别表示在10%、5%和1%的统计水平上显著。

表5-5为融资渠道的中介效应结果。模型（6）显示互联网使用对农村转移劳动力创业具有显著正向影响，模型（7）表示互联网使用对农村转移劳动力通过正规融资渠道借款具有显著正向影响，模型（8）为同时加入互联网使用和融资渠道的回归结果，互联网使用结果仍然显著，同时互联网使用系数也从0.190下降到0.188，融资渠道在10%统计水平下显著为正，表明融资渠道在互联网使用与农村转移劳动力创业之间同样为部分中介效应。农村转移劳动力通过互联网使用，缓解融资信息不对称问题，扩大农村转移劳动力融资渠道，改善农村转移劳动力向正规金融机构借款偏好，缓解融资

约束，从而提高创业意愿，假设 3 得到验证。

表 5 - 5 融资渠道中介效应

变量	模型（6）		模型（7）		模型（8）	
	创业决策	标准误差	融资渠道	标准误差	创业决策	标注误差
互联网使用	0.190 ***	0.047	0.051 ***	0.026	0.188 ***	0.102
融资渠道					0.047 *	0.041
控制变量	Yes		Yes		Yes	
常数项	0.794	0.634	- 0.612 ***	0.020	0.633 **	0.287
样本数	2699		6361		4997	

注：*、** 和 *** 分别表示在 10%、5% 和 1% 的统计水平上显著。

四、异质性分析

考虑到农村转移劳动力互联网使用对农村转移劳动力创业决策影响存在空间差异，将样本划分为东、中、西部地区，探讨互联网使用在不同地区之间对农村转移劳动力创业意愿的空间异质性。同时，考虑到互联网利用对农村转移劳动力创业决策的影响存在代际差异，因此，以 40 岁为界将农村转移劳动力划分为青年和壮年，18 ~ 40 岁表示青年，40 ~ 60 岁表示壮年，探讨互联网使用对不同年龄段间农村转移劳动力创业决策影响的异质性。

由表 5 - 6 可以看出，就地区异质性来说，东、中、西部地区的互联网使用对创业决策的影响均在 1% 的统计水平下显著为正，互联网使用对东、中、西部农村转移劳动力创业概率分别提升 29.4%、43.6% 和 66.3%，表明互联网使用对中西部地区的农村转移劳动力创业决策影响更大。可能原因是中西部地区创业活动更容易受到信息和资金等因素的制约，互联网的使用能加快信息在中西部地区传播，缓解中西部地区信息约束，促进创业活动的开展。从农村转移劳动力年龄来看，互联网使用对青年、壮年农村转移劳动力创业概率分别提升 22.0%、50.6%，说明互联网使用对壮年农村转移劳动力创业决策影响相对较大。这可能是由于青年农村转移劳动力接受和消化新鲜事物的能力较强，互联网使用频率也较高，但青年农村转移劳动力使用互联网更倾向于娱乐和社交，而壮年农村转移劳动力已在工作中积累一定经验与资金，在使用互联网后，利用互联网加强与外界的联系、获取有关创业信息，互联网影响的边际效用相对较大。

表5-6　　　　　　　　　　　　异质性分析结果

变量	地区差异						代际差异			
	东部	标准误差	中部	标准误差	西部	标准误差	青年	标准误差	壮年	标准误差
互联网使用	0.294**	0.131	0.436***	0.167	0.663***	0.045	0.220*	0.129	0.506***	0.171
控制变量	Yes		Yes		Yes		Yes		Yes	
常数项	0.871	0.785	0.444	1.165	-0.849***	0.034	2.995**	1.351	1.493	9.199
样本数	3419		2698		4324		4770		5671	

注：*、**和***分别表示在10%、5%和1%的统计水平上显著。

五、稳健性检验

采用"农户使用电脑上网"作为互联网使用的代理变量进行稳健性检验，结果如表5-7所示。结果显示农户使用电脑上网对农户的创业决策和创业类型均在1%统计水平下显著为正，表明使用电脑上网的农户创业概率提高18.4%，机会型创业概率提高25.7%。这与前文使用移动上网的结果相一致，进一步验证了模型结果的稳健性。

表5-7　　　　　　　　　　　　稳健性检验结果

变量	创业决策		创业类型	
	系数	标准误差	系数	标准误差
电脑上网	0.184***	0.054	0.257***	0.060
控制变量	Yes		Yes	
常数项	0.477*	0.268	-3.067***	0.389
样本数	5045		2699	

注：*、**和***分别表示在10%、5%和1%的统计水平上显著。

第五节　本章小结

采用 CFPS2018 数据探讨互联网使用对农村转移劳动力创业选择的影响，得到以下结论：一是互联网使用能够提高农村转移劳动力创业概率，同时对农村转移劳动力机会型创业具有促进作用。二是中介效应分析结果表明互联网使用能够提高农村转移劳动力与外界的交流，巩固已有社会资本并形成新的社会资本，进而促进农村转移劳动力创业。同时互联网使用扩宽了农村转移劳动力获取信息的渠道，缓解融资信息不对称，提高农村转移劳动力向正规融资渠道借贷可能性，进而促进农村转移劳动力创业。三是异质性分析结果表明互联网使用对农村转移劳动力创业决策存在显著的地区差异、代际差异，互联网使用对中西部地区与壮年农村转移劳动力的创业决策影响更大。

第六章

农村转移劳动力回流意愿
可行性与积极影响分析

第一节　农村转移劳动力回流意愿的描述性统计分析

一、样本说明与数据处理

（一）样本说明

本章使用 2016 年全国流动人口动态监测调查数据（CMDS），该数据的调查工作由国家卫生和计划生育委员会主导，调查地点为全国各省市的外来人口较为密集的区域，调查对象为在本地居住时间超过一个月、没有本地户籍的年满 15 岁的流动人口。调查的总样本量有 17 万人，涉及流动人口的家庭成员共计 45 万人。在抽样方法方面，该调查采取个人问卷和社区问卷的形式进行，同时采用分层、多阶段、与规模成比例的 PPS 方法抽样，涉及流动人口的相关信息包括：家庭成员与收支、就业、流动与居住意愿、卫生与公共服务、社区人口基本信息、社区管理与服务、社区传染病防治等。该问卷调查的内容系统翔实，数据的处理科学严谨，样本的收集范围涉及全国各个地区，近年来被众多学者采用作为研究我国人口流动问题的重要数据来源。

（二）数据处理

选取在本地居住超过一个月、没有本地户口的 15~60 岁的流动人口作为研究对象，总样本量约为 17 万人。由于本章研究的主体是农村转移劳动力，因此在数据筛选时首先剔除了非农户籍人口，保留农业户籍人口。在对约 13 万个具有农业户籍的样本进行处理时，首先根据问卷"今后一段时间，您是否打算继续留在本地?"，对回答"否"的样本予以保留，筛选出不打算留在本地的具有流动倾向的农村转移劳动力样本。然后根据问卷"如果您不打算留在本地，您是选择回流还是去其他地方"，对回答"回流"的样本予以保留，筛选出具有回流意愿的农村转移劳动力样本。最后根据问卷"您打算返乡的最主要原因是什么?"，对回答"回流创业"的样本予以保留，最终筛选出具有回流创业意愿的农村转移劳动力样本。根据上述的数据处理方法，最终筛选出 2203 个具有回流意愿的农村转移劳动力样本，332 个具有回流创业意愿的农村转移劳动力样本。

二、农村转移劳动力回流意愿的基本概况

（一）基本特征

从表 6-1 可以发现，在 2203 个具有回流意愿的农村转移劳动力样本中，男性与女性的数量占比分别为 50.2% 和 49.8%，性别之间并无明显的差异。年龄方面，15~30 岁的具有回流意愿的农村转移劳动力数量占比为 31.9%，31~45 岁的数量占比为 36.9%，46~60 岁的数量占比为 31.2%，三个年龄阶段的农村转移劳动力数量占比相差不大。婚姻状况方面，在所有具有回流意愿的农村转移劳动力样本中，已婚的数量占比为 82.6%，未婚的数量占比为 17.4%，已婚的占大多数，这可能是因为已婚者会考虑到家庭生活成本等因素而更倾向于回流。受教育程度方面，初中及以下的数量占比为 79.1%，中专及高中的数量占比为 14.8%，大专及以上的数量占比为 6.1%，在所有具有回流意愿的样本中，受教育程度为初中及以下的农村转

移劳动力数量占比较高，这可能是因为受教育程度较低的农村转移劳动力，在城市缺少竞争力，会更加倾向于返回农村。

表 6 - 1　　　　　　具有回流意愿的农村转移劳动力基本情况

样本	性别		年龄			婚姻状况		受教育程度		
	男	女	15 ~ 30（岁）	31 ~ 45（岁）	46 ~ 60（岁）	已婚	未婚	初中及以下	中专及高中	大专及以上
人数（人）	1105	1098	703	812	688	1819	384	1742	327	134
占比（%）	50.2	49.8	31.9	36.9	31.2	82.6	17.4	79.1	14.8	6.1

根据 2016 年全国流动人口动态监测调查数据，将农村转移劳动力的流动范围划分为三种类型，分别为跨省、省内跨市和市内跨县流动。从表 6 - 2 中可以发现，跨省流动的具有回流意愿的农村转移劳动力数量最多，占比为 65.6%，省内跨市的具有回流意愿的农村转移劳动力数量次之，占比为 22.4%，市内跨县的具有回流意愿的农村转移劳动力数量最少，占比为 12.0%。说明今后一段时间内，跨省流动的转移劳动力是我国劳动力回流的主力军。

表 6 - 2　　　　　　具有回流意愿的农村转移劳动力流动范围

样本	跨省	省内跨市	市内跨县	合计
人数（人）	1445	494	264	2203
占比（%）	65.6	22.4	12.0	100

从图 6 - 1 中可以发现，随着家庭月收入区间的增加，与之相对应的具有回流意愿的农村转移劳动力样本量占总样本量的比例呈现出先增加后减少的趋势，并在 3001 ~ 6000 元区间的样本量占比达到最高。69% 具有回流意愿的农村转移劳动力家庭月收入低于 6000 元，而家庭月收入高于 12000 元的具有回流意愿的农村转移劳动力数量仅有不到一成。说明我国具有回流意愿的农村转移劳动力，其家庭月收入大多集中在中低收入区间。

（二）回流属性

根据问卷"您打算回流的最主要原因是什么？"，将具有回流意愿的农村

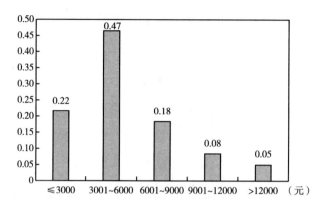

图 6 - 1　具有回流意愿的农村转移劳动力家庭月收入区间数量占比

转移劳动力的回流属性划分为主动回流和被动回流。农村转移劳动力主动回流的原因包括回流创业、家乡就业机会多、家乡生活成本低、家乡自然环境好等四类，被动回流的原因包括没有特长技能、需要照顾老人和小孩、外面就业形势不好、年龄太大、身体不好、与家人两地分居等。从表 6 - 3 中可以发现，在所有具有回流意愿的农村转移劳动力中，属于主动回流的农村转移劳动力数量仅占 26.4%，而被动回流的农村转移劳动力数量占比为 73.6%，被动回流的农村转移劳动力数量远远高于主动回流的农村转移劳动力数量。说明现阶段，我国农村转移劳动力以被动回流为主。

表 6 - 3　　　　　　　具有回流意愿的农村转移劳动力回流属性

样本	主动回流	被动回流	合计
人数（人）	581	1622	2203
占比（%）	26.4	73.6	100

从表 6 - 4 中可以看出，在所有具有主动回流意愿的农村转移劳动力中，因为回流创业的数量占比最高，达到 57.1%。因为家乡就业机会多、家乡生活成本低和家乡自然环境好的数量占比则相差不大，分别为 14.6%、15.5%、12.8%。说明回流创业成为吸引我国农村转移劳动力主动回流的最主要原因，而家乡就业机会多、生活成本低、自然环境好等对我国农村转移劳动力主动回流意愿的影响较低。

表 6 – 4   主动回流意愿的影响因素

主动回流	回流创业	家乡就业机会多	家乡生活成本低	家乡自然环境好	合计
人数（人）	332	85	90	74	581
占比（%）	57.1	14.6	15.5	12.8	100

从表 6 – 5 中可以看出，需要照顾老人和小孩是农村转移劳动力具有被动回流意愿的主要原因，数量占比达到 46.5%。外面就业形势不好、年龄太大是农村转移劳动力具有被动回流意愿的次要原因，数量占比分别为 12.5%、13.6%。因为没有特长技能、身体不好、与家人两地分居等而具有被动回流意愿的农村转移劳动力数量占比极小且相差不大，其中占比最低的为难以融入流入地生活，仅为 0.9%。说明需要照顾老人和小孩等家庭因素是我国农村转移劳动力考量是否回流的最关键因素，就业形势和年龄也是主要的参考因素，而结婚生育、城市融入难等因素对农村转移劳动力回流意愿并未产生较大影响。

表 6 – 5   被动回流意愿的影响因素

被动回流	人数（人）	占比（%）
没有特长技能	39	2.4
需要照顾老人和小孩	755	46.5
外面就业形势不好	202	12.5
年龄太大	221	13.6
身体不好	60	3.7
与家人两地分居	90	5.5
家里劳动力不足	31	1.9
难以融入流入地	15	0.9
土地需要打理	65	4.1
不习惯外地生活	59	3.6
结婚生育	67	4.2
本地空气污染严重	18	1.1
合计	1622	100

（三）区域分布

将我国 31 个省份按地域划分为东、中、西三个区域，分析不同区域间的具有回流意愿的农村转移劳动力现状的差异。从表 6-6 中可以看出，从各区域具有回流意愿的农村转移劳动力的总人数来看，东部地区的数量最多，占比为 46.2%。西部地区的数量排名第二位，占比为 33.5%。中部地区的数量排名第三位，占比为 20.3%。在求出各区域内部平均每个省市具有回流意愿的农村转移劳动力的人数和占比后，发现其呈现出与总体相同的规律。这一数据结果产生的原因可能是，东部地区是我国的经济发达地区，区域内非农就业机会最多，吸引的农村转移劳动力回流比例最高。西部地区受国家西部大开发战略的影响，经济发展水平增长迅猛，区域内就业机会增多，农村转移劳动力回流意愿相对较高。中部地区虽然人口众多，但受东部经济发达地区的人口虹吸效应较大，农村转移劳动力回流意愿受到较大影响，因此，具有回流意愿的中部地区农村转移劳动力数量占比最低。

表 6-6　　　　　　　　具有回流意愿的农村转移劳动力区域分布

样本	东部地区	中部地区	西部地区
人数（人）	1017	449	737
占比（%）	46.2	20.3	33.5
平均人数（人）	85	50	82
平均占比（%）	3.83	2.22	3.67

三、农村转移劳动力回流创业意愿的基本概况

（一）基本特征

从表 6-7 中可以发现，在 332 个具有回流创业意愿的农村转移劳动力中，男性的数量占比为 65.1%，女性的数量占比为 34.9%，这与农村转移劳动力回流意愿的状况存在较大差别，男性和女性在回流意愿上的数量占比

没有明显差别，但男性在从事具有挑战性的回流创业意愿上却明显高于女性。年龄方面，15~30 岁的具有回流创业意愿的农村转移劳动力数量占比为51.2%，31~45 岁的数量占比 35.2%，46~60 岁的数量占比 13.6%，随着年龄段的增加，具有回流创业意愿的农村转移劳动力数量占比在逐渐降低。婚姻状况方面，已婚的数量占比为 75.6%，未婚的数量占比为 24.4%，在所有具有回流意愿的农村转移劳动力样本中已婚占大多数。受教育程度方面，初中及以下的数量占比 67.2%，中专及高中的数量占比为 23.5%，大专及以上的数量占比为 9.3%，表明具有回流创业意愿的农村转移劳动力的受教育程度主要集中在初中及以下学历，学历水平普遍较低。

表 6-7　　　　具有回流创业意愿的农村转移劳动力基本情况

样本	性别		年龄（岁）			婚姻状况		受教育程度		
	男	女	15~30	31~45	46~60	已婚	未婚	初中及以下	中专及高中	大专及以上
人数（人）	216	116	170	117	45	251	81	223	78	31
占比（%）	65.1	34.9	51.2	35.2	13.6	75.6	24.4	67.2	23.5	9.3

从表 6-8 中可以发现，在所有具有回流创业意愿的农村转移劳动力中，流动范围为跨省的数量最多，占比为 67.8%。流动范围为省内跨市的数量次之，占比为 21.7%。流动范围为市内跨县的数量最少，占比为 10.5%。这与农村转移劳动力回流意愿的数量占比呈现出相同的规律，说明跨省流动的农村转移劳动力是农村回流创业的主要力量。

表 6-8　　　　具有回流创业意愿的农村转移劳动力流动范围

流动范围	跨省	省内跨市	市内跨县	合计
人数（人）	225	72	35	332
占比（%）	67.8	21.7	10.5	100

从图 6-2 中可以发现，在所有具有回流创业意愿的农村转移劳动力中，家庭月收入在低于 3000 元的数量占比为 21%，家庭月收入区间在 3001~6000 元和 6001~9000 元的数量占比分别为 45% 和 21%，家庭月收入在 9000

元以上的数量占比为 13%，其中家庭月收入高于 12000 元的数量仅为 5%。表明现阶段我国具有回流创业意愿的农村转移劳动力家庭月收入还不高，大多集中在 6000 元以下的中低收入区间，而 12000 元以上的高收入者数量占比极少。

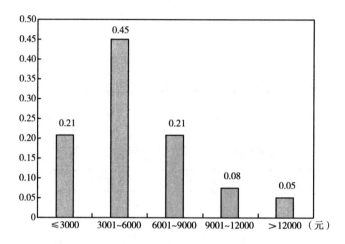

图 6-2　具有回流创业意愿的农村转移劳动力家庭月收入区间数量占比

（二）区域分布

从表 6-9 中可以发现，在所有具有回流创业意愿的农村转移劳动力中，东部地区与中部地区的数量占比分别为 46.7% 和 16.3%，西部地区的数量占比为 37.0%。东部地区的具有回流创业意愿的农村转移劳动力数量占比最高，西部地区的数量占比次之，中部地区的数量占比最低。在求出各区域内部平均每个省市的数量以及占比后，发现西部地区平均每个省市具有回流创业意愿的农村转移劳动力数量占比超过东部地区，其中，西部地区的数量占比为 4.1%，东部地区与中部地区的数量占比分别为 3.9% 和 1.8%。产生这种现象的主要原因可能是西部地区近年来经济发展水平增速快，农村转移劳动力回流创业制度环境好，因此其区域内平均每个省份吸引的农村转移劳动力回流创业比例略高于东部地区。但西部地区的总人口数量低于东部地区，区域整体的具有回流创业意愿的农村转移劳动力数量仍低于东部地区。中部地区虽然人口众多，但受经济能力、制度保障、创业氛围等因素的影响，其具有回流创业意愿的农村转移劳动力数量占比最低。

表6-9　　　　　　　　具有回流创业意愿的农村转移劳动力区域分布

样本	东部地区	中部地区	西部地区
人数（人）	155	54	123
占比（%）	46.7	16.3	37.0
平均人数（人）	13	6	14
平均占比（%）	3.9	1.8	4.1

第二节　农村转移劳动力回流创业的可行性分析

农村转移劳动力的回流创业决策是基于其个人所具备的主客观条件决定的。现阶段，我国已经出现农村转移劳动力回流并从事创业活动，但农村转移劳动力回流创业的可行性到底如何？本节将从农村转移劳动力回流创业的主观条件和客观条件两个方面对其回流创业的可行性进行分析，并使用SWOT对比分析农村转移劳动力回流创业需要面临的优势和劣势。

一、农村转移劳动力回流创业主观条件分析

（一）农村转移劳动力拥有回流创业的资本

农村转移劳动力会选择进城务工的最根本原因是可以获得更好的经济回报，而在务工地经过了长期的打拼，农村转移劳动力积累了一定的经济资本。农村转移劳动力在具备一定的资源禀赋后，因其熟悉本地的乡土人情和熟知邻里关系加上具备开阔的视野和发展经济的能力，有利于其利用经济资本与其他诸如政治资源、人脉资源、社会资源等多种资源的相互转化，进而提高其回流创业的成功率，实现带动地区经济发展和消除农村贫困的目标。

此外，在外务工的经历使得农村转移劳动力同时具备了吃苦耐劳的品质和坚持不懈的精神，也是支持其回流创业的精神力量。因而，当农村转移劳动力拥有了丰厚的经济资源和吃苦耐劳的精神品质，也意味着其拥有了回流创业所需要的资本。

（二）农村转移劳动力拥有回流创业的意愿

从情感层面来看，农村转移劳动力在城市积累了一定的经济资本后，为了能更好地维护其与家庭成员之间的亲情，同时维系与家乡群众的情感纽带，农村转移劳动力会选择主动回流并从事创业活动。农村转移劳动力运用外出务工期间积累的资源禀赋从事创业活动，在提高自身收入的同时，还可以带领家乡群众脱贫致富。此外，农村转移劳动力回流创业除了可以从情感层面加强其与家庭成员和家乡群众的联系，还可以从精神层面实现其个人价值的满足，根据马斯洛需求层次理论，回流创业是农村转移劳动力在满足生理、安全、社交、尊重等相对较低层次需求的基础上，为了追求更高层次自我实现的满足而采取的措施。因而，从情感维护和个人精神价值满足的视角来看，农村转移劳动力拥有回流创业的意愿。

（三）农村转移劳动力拥有成功创业的潜质

农村转移劳动力在回流创业的同时，还带来了责任意识和管理经验。责任意识可以概括为两个方面：一是勇于担当。农村转移劳动力积极响应国家号召，主动带着先进的生产技术和丰富的管理经验参与到乡村建设中，这体现出一种责任与担当。二是把握大局。农村转移劳动力在追求企业经济利益的同时，愿意从社会建设的大局出发，积极承担社会责任，推动村民就近就业，最终实现脱贫致富。正是因为农村转移劳动力所独有的责任意识，决定了他们在乡村治理中具备特殊性和有效性。管理经验能够让创业者在激烈的市场竞争中生存下来，并且能够有所积累形成创业资本，其自身具有一定的知识、能力和经验，也是创业者面临问题之时能够迅速走出困境的要件。农村转移劳动力拥有强烈的责任意识愿意回流创业，加之拥有先进的生产技术和丰富的管理经验，其拥有了成功创业的潜质。

二、农村转移劳动力回流创业客观条件分析

（一）城乡二元体制推动农村转移劳动力回流创业

城乡二元经济体制下产生了城乡分割，由此导致的城乡资源要素自由流动受到限制，农村居民无法享受与城市居民同等待遇等一系列社会问题，大幅度降低了农村转移劳动力对城市生活的认同感。在工作上，农村转移劳动力在流入务工地时，由于缺少专业技能和行业竞争力，其工作的行业大多数为劳动力密集型产业或服务业。同时农村转移劳动力作为外来人口，在城市工作会经常受到本地居民的歧视和不公正对待。在生活中，农村转移劳动力在医疗和养老方面同样无法享受同等的待遇，农村转移劳动力看病难、看病贵、子女的抚养和教育费用高等问题短时间内无法得到彻底解决。加之近年来国内外经济形势下行，众多企业纷纷出现亏损甚至倒闭的现象，由此导致的农村转移劳动力失业数量激增、城市就业压力增大等一系列问题，直接推动了农村转移劳动力会考虑回流从事创业活动。

（二）政府为农村转移劳动力回流创造环境

近年来，国家积极探索实行农村经济社会转型发展，并出台了一系列政策措施用于鼓励和支持农村转移劳动力回流创业，力求达到优化农村产业结构，促进农村经济社会和谐有序发展的效果。为充分释放农村转移劳动力回流创业的溢出效应，促进农村三产融合发展，实现农村劳动力更加充分、更高效益的就业。政府部门提出了促进农村转移劳动力回流创业的具体措施：一是保障扶持政策精准落地。加强对政策执行合规性的监管力度，确保政策惠及所有符合条件的回流创业人员。对创业初期存在困难的创业人员或者创业企业，政府依申请审批合格的给予一次性的创业和保险补贴。二是探索建立社会救助机制。政府要提高自身服务水平，鼓励回流创业者通过购买社会

保险的方式降低创业风险，对回流创业失败的农村转移劳动力，积极提供政府援助和就业指导。

（三）产业梯次转移的促进作用

随着国际产业分工格局的再平衡，东部地区在国内率先建立了以制造业为核心、较为完备的产业体系。中西部地区由于深居内陆，经济社会发展相对滞后，我国区域间呈现出较为明显的经济增长和发展不平衡现象（樊烨等，2020）。近年来，随着国家战略的不断调整，中西部地区凭借自身传统资源禀赋优势，积极运用良好的产业基础和充足的劳动力资源，着力在承接中实现自身发展，并提高对企业自主创新能力的培育力度，积极推进东部地区重点产业转移，逐步扩大产业发展规模，加快改造提升传统产业，不断造就产业发展新亮点。随着中西部地区经济社会的发展和政府政策支持力度的加大，区域内产业和人口集聚增加，城镇化步伐不断加快，农村转移劳动力回流创业的趋势更加明显，产业梯次的转移促进了农村转移劳动力的回流创业。

三、农村转移劳动力回流创业的 SWOT 分析

我国农村转移劳动力在主客观条件上已经具备了回流创业的可行性，但受到自身传统小农思想影响，农村转移劳动力回流创业同时也面临着一定的阻碍。为了更加直观、全面的了解农村转移劳动力回流创业所面临的环境，分析农村转移劳动力回流创业具备的优劣势，借助 SWOT 分析法全面、系统、准确地对农村转移劳动力回流创业的情景进行分析。SWOT 分析法是一种分析主体优劣势的有效方法，分析的内容包括研究对象拥有的优势（strength）和劣势（weakness），面临的机会（opportunity）和威胁（threat）。

图 6-3 为农村转移劳动力回流创业的 SWOT 分析，其中优势和劣势代表农村转移劳动力回流创业的内部环境，机遇和威胁代表农村转移劳动力回流创业的外部环境。由于优势与机会所代表的影响因素与上文中分析的农村

转移劳动力回流创业的主客观可行性是一致的。因此，接下来将重点分析农村转移劳动力回流创业所面临的劣势和威胁。

优势（S）： 1. 拥有一定资金、技术和管理经验 2. 有较强归属感、返乡创业热情高 3. 了解家乡市场、人脉关系集中 4. 具有勤奋、吃苦耐劳的精神	劣势（W）： 1. 文化水平低、综合素质不高 2. 融资能力差 3. 思想守旧、害怕承担风险
机会（O）： 1. 各级政府的政策支持鼓励 2. 家乡创业环境和基础设施的改善 3. 创业门槛较低、市场大	威胁（T）： 1. 政府的创业政策能不能被有效执行 2. 交通运输成本高、税费压力仍较大 3. 经济下行压力大、市场风险大

图 6 – 3　农村转移劳动力回流创业的 SWOT 分析

（一）劣势

第一，农村转移劳动力的文化水平低，综合素质不高。知识水平的高低决定了农村转移劳动力学习能力的强弱，而对专业技能的掌握和创业新形势的接受程度，能够显著影响农村转移劳动力对回流创业项目的选择，以及对自身未来的规划和应对风险的能力。现阶段我国农村转移劳动力的受教育程度半数以上为初中水平，这也直接导致了我国农村转移劳动力的综合素质不高，在面对回流创业决策时存在一定的障碍。第二，农村转移劳动力的融资能力差。农村转移劳动力虽然在城市务工期间积累了一定的经济资本，但回流创业项目启动后仍需要注入大量资金，而当前农村转移劳动力在向银行提出融资申请时，普遍受补偿机制欠缺、风险管控能力薄弱、银行供给意愿不强等因素困扰，融资难、融资贵问题成为制约农村转移劳动力回流创业意愿的主要症结之一。第三，农村转移劳动力的思想守旧，害怕承担风险。回流创业需要承担创业失败的风险，而部分农村转移劳动力对回流创业失败的承受能力欠缺，因此也就缺少了回流创业所需的精神动力。

（二）威胁

第一，政府支持创业的政策能不能有效执行。近年来随着大量刺激农村转移劳动力回流创业的优惠政策相继出台，农村转移劳动力回流创业环境得到了明显改善，但仍存在部分支持政策在基层难以被精准实施的难题，如各地都设立了针对农村转移劳动力回流创业的贷款或担保基金，但现实中创业担保贷款的审批流程极为烦琐，对回流创业人员的资金支持作用较为有限。第二，农村交通运输成本高，税费压力仍较大。随着乡村振兴战略的深入推进，农村的交通基础设施条件有了进一步提升，但因为自然灾害导致的道路交通阻塞，使得农村转移劳动力回流创业企业产品销路受阻，极大地增加了交通运输成本。第三，国内外经济下行压力大，市场风险大。近年来，受国内外经济下行压力加大的影响，农村的产品市场条件并不成熟，农村转移劳动力在这个不成熟的市场从事创业活动，创业的成功率面临较大的风险。

第三节　农村转移劳动力回流创业的积极影响分析

本节分析农村转移劳动力回流创业对农村的减贫作用，为下文研究农村转移回流创业意愿提供一定的现实基础。农村转移劳动力回流创业对农村经济社会发展具有积极的正向促进作用，本节主要提炼以下三个方面的农村转移劳动力回流创业的正向外部性，分别为：有助于农村居民收入水平的提升、有助于乡村全面振兴和有助于农村产业结构优化。

一、有助于农村居民收入水平提升

近年来，随着国内外经济下行压力的持续加大，农村就业形势面临极大挑战。一般情况下，农村转移劳动力回流创业所需的资金较少、厂房占地面积较小，技术门槛较低，且产品市场相对成熟，这在一定程度上降低了农村转移劳动力回流创业的风险，进而提高其回流创业的成功率。农村转移劳动力回流创办的企业吸收了大量农村剩余劳动力本地就业，在提高其收入的同时，有效缓解了城市的就业压力。农村转移劳动力回流创业不仅解决了农村剩余劳动力的就业问题，还能带动与之相关联的企业共同发展，形成一个大中小企业协同联动、上下游产业全链条发展并具有地方特色的回流创业优势产业集群，这在一定程度上有助于当地政府财政增收，推动了本地区经济社会的发展。

二、有助于乡村全面振兴

农村转移劳动力响应国家号召回流创业，在很大程度上解决了农村剩余劳动力转移困难和乡村建设缺乏人才的问题。农村转移劳动力在回流创办企业的同时，凭借自身积累的经济资本、专业技术和管理经验，成为地区经济发展的"致富带头人"，为我国乡村振兴战略深入推进增添了全新的动力。此外，随着大批农村青壮年转移劳动力返回农村，其在城市接受的先进思想和受到的文化熏陶，能够有效推动农村居民整体素质的提升，为我国农村精神文明建设提供持续的动力。农村转移劳动力回流创业发展非农经济，在提高自身收益的同时，也极大地提高了农村剩余劳动力的非农就业率，带动周边群众共同致富。农村转移劳动力回流创业有效解决了近年来由于农业人口严重流失产生的农村社会问题，实现了农村劳动力的本地就业，使其有更充沛的精力照顾老人和抚养子女，达到有效缓解家庭矛盾，维护社会和谐稳定的目的。

三、有助于农村产业结构优化

回流创业的农村转移劳动力在城市务工期间，具备了更加开阔的思想观念，同时也积累了丰厚的经济资本和社会资本。现阶段的农村转移劳动力回流创业主要依托本地区丰富的资源禀赋，结合最新的专业技术，主要集中在特色养殖业和农村特色旅游业等行业。农村转移劳动力在城市工作和生活的经历，有助于其在选择回流创业的门类时，能够以更加开放的思维并结合本地区实际情况，打造出极具地方特色和吸引力的产品，此类产品既包括本地区特色物品,如各种具有地方风味的土特产和手工艺纪念品,也包括本地区特色旅游活动,如农家乐和特色采摘等活动,在带动相关产业发展的同时,极大地优化了农村产业结构。农村转移劳动力回流创业有助于打造具有本地区特色的农村优势产业,打破农村过度依赖传统农业种植的困境,真正形成多元化的农村产业经济模式。

第四节　本章小结

本章首先介绍了 2016 年全国流动人口动态监测调查数据(CMDS)的基本情况,再根据样本数据分析了我国农村转移劳动力回流意愿和回流创业意愿的基本概况。然后从主观和客观两方面视角分析了我国农村转移劳动力回流创业的可行性,并运用 SWOT 分析法分别阐述了其回流创业面临的优势和劣势。最后详细叙述了我国农村转移劳动力回流创业产生的外部性。主要得出以下结论:第一,我国具有回流意愿的农村转移劳动力的数量在性别上无明显差异,且各年龄段分布相差不大,但在婚姻状况、受教育程度和流动范围方面以已婚、初中及以下学历、跨省流动为主,在家庭月收入方面则主要集中在 6000元以下的中低收入区间。第二,我国具有回流意愿的农村转移劳动力以被动回流为主,主要是受到需要照顾家中老人和小孩的影响,其次,外面就业形势不好和年龄太大也是重要的影响因素。而具有回流意愿的农村转移劳动力主动回流的主要原因是回流创业,次要原因是家乡就业机会多、生活成本低和自然环境好。第三,我国具有回流意愿的农村转移劳动力的区域分布主要集中在东部地区,中西部地区的数量较少。第四,我国具有回流创业意愿的农村转移劳动力主要以 15~30 岁、初中及以下学历、跨省流动的已婚男性为主,在家庭月收入方面则主要集中在 6000 元以下的中低收入区间。第五,我国具有回流创业意愿的农村转移劳动力的区域分布,总体上,东部地区的数量略高于西部地区,中部地区的数量最少。但从各区域内部平均每个省市的数量来看,西部地区略高于东部,中部地区仍然是最少的。

| 第七章 |

农村转移劳动力回流创业的
多维相对贫困效应分析

全国脱贫攻坚总结表彰会议指出，我国完成消除绝对贫困艰巨任务，创造了又一个彪炳史册的人间奇迹。绝对贫困消除后，我国步入"后扶贫时代"，贫困治理工作将转向接续发力解决贫困人口可行能力为主的相对贫困问题（汪三贵，孙俊娜，2021）。其中，相对贫困表征为经济层面收入分配不均衡，个人层面可行能力不足（Sen，1999）。相对贫困的相对性、可对比性与长期性等特点决定了我国反贫困任务的艰巨性和复杂性（罗必良，2020）。当前，反贫困的第一要务，是识别相对贫困（周力，沈坤荣，2021）。现阶段，我国农村地区大量转型性贫困群体呈现高返贫风险特点，也面临缺乏稳定的增收渠道和亟须激活的内生动力等突出问题（孙久文，夏添，2019），迫切需要从传统上仅考虑收入的单维相对贫困识别向综合考察经济、社会发展、生态环境等多维相对贫困识别转变（王小林，冯贺霞，2020）。当前我国面临较为严重的多维相对贫困问题，构建治理贫困长效机制之路依然"任重道远"（汪三贵，刘明月，2020），鼓励回流创业是缓解乡村地区贫困群体多维相对贫困的主要途径之一，也是实现乡村振兴的必由之路（陈锡文，2018）。鼓励回流创业政策相继出台为回流创业提供政策支持（谢玲红，2021）。农业农村部数据显示，2020 年回流创业队伍较上年新增近 160 万人，并且带动农村地区近 1000 万人农村剩余劳动力就业。鼓励回流创业，由"输血"向

"造血"转变，有助于带动要素流向农村地区，促进人才与产业相融合，扩大农村产业集聚效应，为乡村振兴注入新活力，构建巩固脱贫成果长效机制（姚树杰，张璇玥，2020）。

大部分学者认为回流创业对农户贫困减缓具有积极作用。一方面通过自主创业活动拓宽农户增收渠道，为农户可持续性收入创造条件，具有增收效应（张成刚等，2015）。另一方面回流创业将带动人才、资金等要素回流乡村，提升该地区人力资源水平，激发贫困群体脱贫的内生动力。回流创业带来劳动力回流形成农村地区"人口红利"，将通过外溢效应带动周边农户就业和收入增长（王轶等，2020）。然而也有部分研究表明，回流创业并不一定会缓解农村地区相对贫困程度。由于创业是高风险的选择活动，所以自主创业活动缓解贫困具备一定的门槛（彭克强，刘锡良，2016）。樊振佳等（2019）研究发现，贫困地区回流创业人员存在信息获取和交流渠道不畅等现象，阻滞农户自我脱贫能力的提高，加深农户相对剥夺程度。贺雪峰（2020）认为，由于乡村创业市场相对饱和，回流创业可能面临更大创业风险，将增加农户陷入贫困概率。此外，平卫英和宗潇泳（2021）研究发现，回流创业对农户贫困影响呈现一个非线性动态关系，在创业初期阶段，农户创业对农村多维贫困缓解作用相对较弱，但到创业高级阶段，农户创业对农村贫困减缓具有显著积极作用。

综上所述，关于回流创业与农户多维相对贫困的研究主要集中在探讨创业对贫困单维度影响，鲜有文献将农户的数字素养置于统一框架下探讨回流创业对农户多维相对贫困影响。而在数字乡村建设进程中，为农户数字素养提升打造平台，随着农户数字素养水平的提升，有助于其增加获取创业资金和政策信息能力，跨越回流创业初期资金约束门槛，为乡村振兴注入新动能。因此，基于CLDS2016数据采用A－F模型构建农户多维相对贫困指数，实证分析回流创业对农户多维相对贫困的影响，进一步实证分析回流创业通过数字素养对农户多维相对减贫的机制。可能有以下两方面边际贡献：一是虽然已有大量文献分析了回流创业对农户贫困的影响，但鲜有文献关注回流创业对农户经济、社会发展、生态环境三个维度的相对贫困影响。二是机制分析方面，试图阐释数字素养作为回流创业影响农户多维相对贫困的一个重要机制，深化对数字素养的认识，为缓解我国农村地区贫困群体多维相对贫困提供路径参考。

第一节　研究假设

相对贫困是一种主观感受，其参照系一般是同类户籍的群体，是一种普遍性、动态性、长期性的贫困类型（周力，沈坤荣，2021）。其中，多维相对贫困群体的收入相对较低是表征，自我发展能力的相对不足是内核（Sen，1999）。回流创业将通过作用于相对贫困形成的内因与外因两方面对农户多维贫困减缓产生影响。首先，从相对贫困形成的内因来看，回流创业不仅给农户拓宽可持续增收渠道，转变农户消极市场参与态度，也为传播新技术、新思想打造新平台，为乡村包容性发展注入活力。此外，回流创业的增收效应不仅可以通过直接效应带动该农户脱贫，而且间接带动周边农户脱贫（Garry D. Bruton et al.，2013）。其次，从相对贫困形成的外因来看，回流创业将缓解政策、自然资源等外在层面的致贫因素所引发的社会排斥和自我排斥，将有助于多维相对贫困的缓解（郭熙保，周强，2016）。

回流创业不仅可以直接作用多维相对贫困形成的内因和外因，而且同时作用农户经济维度、社会发展维度以及生态环境维度贫困，具有多维减贫效应。具体来说，首先，回流创业可以帮助农户积累资金，提升农村地区就业吸纳能力，解决农户可持续生计问题，从而降低农户因受到经济收入冲击而返贫的风险可能性，对农户经济维度贫困缓解具有显著积极作用。其次，回流创业使农户有能力提高自身及子女教育投入力度、提升信息获取能力，对农户社会发展维度贫困缓解具有显著积极作用。最后，回流创业的农户形成绿色发展理念，促进其追求更加美好生活环境，对农户生态环境维度贫困缓解具有显著积极作用。

假设1：回流创业对农户多维相对贫困缓解具有显著积极作用。

假设 1a：回流创业对农户经济维度贫困缓解具有显著积极作用。

假设 1b：回流创业对农户社会发展维度贫困缓解具有显著积极作用。

假设 1c：回流创业对农户生态环境维度贫困缓解具有显著积极作用。

数字素养是指拥有获取信息工具、合理利用数字资源以及提升沟通能力，进而改变其社会排斥的现状（易法敏，2021）。对于乡村地区数字化，农户数字素养水平高低取决于农户接入和获取外界信息的渠道是否通畅，但由于城乡信息"鸿沟"的存在，抑制社会资源向农村地区汇聚的作用，也阻碍自我财富收入不足的农户跨越"信息鸿沟"或分享"数字红利"，抑制农户数字素养能力提升，影响乡村地区数字化进程。然而，随着回流创业群体日益活跃，通过数字化经营手段赋能回流创业，不仅对自身的收入增长有积极影响，还可能通过同群效应激发周边农户创业需求（黄惠春等，2021）。回流创业活动愈发成为培育乡村地区居民数字素养的加速剂和催化剂，显著提高周边农户数字素养水平，从源头上减轻农户多维相对贫困程度。具体来说，一方面，回流创业通过数字化催生新产业和新业态，提高农民获取现代化信息的技能，为培育农民数字素养提供有力支撑，有效填平"数字鸿沟"（余东华，李云汉，2021）；另一方面，回流创业为建设数字乡村带来要素资源，通过推动数字化融入"三农"，打造乡村治理数字化平台，有助于农户平等地参与乡村治理，有效弥合"能力鸿沟"（易法敏，2021）。

数字素养通过以下途径影响多维相对贫困。第一，数字素养高的农户更容易获取广泛的金融服务和信息，突破创业资金门槛，增强农户生计能力，有助于缓解农户经济维度贫困。第二，在提升数字素养过程中，农户通过"干中学"掌握数字化经营技能，提升人力资本、提高参与乡村治理等方面的能力，同时也能满足农户对美好生活的多样化需求，有助于缓解农户社会发展维度贫困。第三，较高的数字素养水平可能会转变农户的文化思想观念，营造绿色生活居住环境，满足农户对绿色可持续生态环境的需求，有助于缓解生态环境维度贫困。

假设 2：回流创业通过提升农户数字素养水平缓解多维相对贫困。

第二节　数据说明与模型构建

一、数据说明

数据来源于中山大学中国劳动力动态调查（CLDS2016）数据库。其中，该数据库覆盖29个省份。按照问卷中"是否具有外出经历"以及"是否继续外出"回答，将受访者年龄限定在17～65岁以及具有外出经历且不再外出的农村户主样本，筛选出具有外出务工经历的返乡户主，将个人库、家庭库和村庄库横向合并，在对缺失值、错误值进行处理后，最终得到了648户。

二、A－F模型构建

采用A－F法来测度农户多维相对贫困现状（Alkire & Foster，2011）。参考谢家智和车四方（2017）做法，具体通过识别、测度以及分解步骤，来检验劳动力回流创业的多维相对贫困状态。

（一）多维相对贫困的识别

设 $X = [x_{ij}]$ 为 $N \times M$ 维矩阵，表示 N 个农户在 D 的剥夺指标，其中，x_{ij} 表示第 i 个农户在维度 j 下的剥夺取值；构建剥夺矩阵 Z，$z_j(z_j > 0)$ 表示剥夺阈值。其中，具体识别的步骤如下：

第一，判断农户 i 在维度 j 是否处于剥夺状态。构建矩阵 $g^0 = [g_{ij}^0]$，其元素 g^0 的取值情况如下。当 $x_{ij} > z_j$，g_{ij}^0 取值为 0 时，表示农户 i 在 j 维度未处于剥夺状态；反之则表示农户处于被剥夺状态。

第二，识别农户是否处于多维相对贫困状态。设 c_i 为个体 i 剥夺计数函数，w_j 为 j 维度的权重，则 $c_i = \sum_{j=1}^{m} w_j g_{ij}^0$。其中，$c_i$ 分数越高说明农户的被剥夺程度越深；反之则表明被剥夺程度越低。进一步设定 k 为多维相对贫困阈值，若 $c_i < k$ 时，$\rho_k(X_i, Z) = 0$ 表示农户 i 未处于多维相对贫困状态；反之则处于多维相对贫困。

（二）测算农户的多维相对贫困现状

在识别的基础上，通过计算得到处于多维相对贫困状态下的农户数量 q，其公式为：$q = \sum_{i=1}^{N} \rho_k(X_i, Z)$。其中，多维相对贫困发生率公式为 $H = q/n$。为解决剥夺指标变化的不敏感问题，进而提出平均剥夺份额 A，公式为 $A = \sum_{j=1}^{q} c_i(k)/q$。得到 H 和 A 两个指数后，便得到多维相对贫困指数 M_0，即 $M_0 = HA$。

（三）分解农户的多维相对贫困指数

分解公式为：

$$M_j = \left[(q_j/n) \times w_j \right] / M_0$$

其中，M_j 为维度 j 对多维相对贫困总体的单维度的贡献率，q_j 为维度 j 处于多维相对贫困状况的农户数。

（四）农户多维相对贫困指标选取

关于多维相对贫困指标的选取，参考可行能力理论和联合国发布的《人类发展报告》，并借鉴王小林和冯贺霞（2020）的研究，设置经济维度、社会发展维度和居住环境维度 3 个目标层，11 个维度，14 个测算指标，采用等权重法赋予权重（见表 7 - 1）。

表 7 - 1　　　　　　　　　　农户多维相对贫困指标体系

目标层	维度	指标	剥夺临界值定义
经济维度 (1/2)	收入 (1/11)	人均纯收入	人均纯收入若低于 2800 元则赋值为 1，否则为 0
	支出 (1/11)	恩格尔系数	恩格尔系数大于 0.6 则赋值为 1，否则为 0

目标层	维度	指标	剥夺临界值定义
经济维度 (1/2)	资产 (1/11)	耐用消费品件数	家中拥有耐用消费品件数小于 2 件赋值为 1，否则为 0
	社会保障 (1/11)	医疗保险参保情况	家中若存在一人未参与任何社会保障则赋值为 1，否则为 0
社会发展 维度 (1/3)	教育 (1/11)	受教育年限	受教育年限低于六年赋值为 1，否则为 0
	健康 (1/11)	自我评价健康	回答为"不健康"赋值为 1，否则为 0
	主观态度 (1/11)	对未来信心	生活满意度表示"很不满意"或"社会地位很低"赋值为 1，否则为 0
	信息获取 (1/11)	互联网使用	不使用移动设备上网则赋值为 1，反之则赋值为 0
生态环境 维度 (1/3)	生活垃圾 (1/11)	垃圾处理	若不愿意垃圾分类或垃圾投放则赋值为 1，否则赋值为 0
	卫生设施 (1/11)	厕所类型	不能使用室内冲水、室内马桶赋值为 1，否则赋值为 0
	生活水平 (1/11)	做饭用水、燃料	做饭用水非"井水""自来水""纯净水"或做饭燃料为非清洁能源赋值为 1，否则为 0

三、多元线性回归模型构建

被解释变量：农户多维相对贫困指数。通过采用 A - F 模型赋予各维度权重得到多维相对贫困指数，若该值数值越大，表示农户多维相对贫困程度越高。参考刘魏和王小华（2019）以 $k = 1/3$ 作为阈值，若多维相对剥夺得分大于阈值则表明农户处于多维相对贫困状态，反之农户未陷入多维相对贫困。

核心解释变量：回流创业。参考谢勇和杨倩（2020）将问卷中"雇主""自雇非体力劳动者""自雇体力劳动者"设置为回流创业，赋值为 1；其他回答则赋值为 0，即返乡非创业。

中介变量：数字素养。数字素养通常采用个人接收和获取信息化能力来体现，由于主要探究回流创业是否会通过数字素养对农户多维贫困程度产生显著缓解效应。因此，根据问卷中"使用网上银行""网上购买火车票""用手机发短信"等问题回答采用因子分析法提取数字素养得分。

参考刘魏和王小华（2020）将控制变量界定为个体、家庭和村庄变量。其中，个体变量包括户主性别、婚姻、政治面貌和受教育程度4个变量；家庭变量包括家庭规模和社会资本2个变量；村庄变量包括村庄居住人数和村庄地势2个变量。变量描述统计如表7-2所示。

表7-2　　　　　　　　　　　　变量描述性统计

变量		定义	均值	标准差
被解释变量	多维相对贫困指数	多维相对贫困剥夺得分	0.237	0.155
核心解释变量	回流创业	是否回流创业（0=否，1=是）	0.154	0.362
	数字素养	自我数字素养能力评估	0.428	0.283
个体层面	性别	性别（0=女，1=男）	0.918	0.274
	婚姻	婚姻状况（0=未婚，1=已婚）	0.910	0.286
	政治面貌	政治面貌（0=群众，1=党员）	0.056	0.229
	受教育程度	小学及以下为1，初中为2，高中/中专/技校/职高为3，大学为4，大学以上为5	1.739	0.654
家庭层面	家庭规模	常住人口数（人）	4.796	1.812
	社会资本	礼品礼金支出的对数	5.876	3.469
村庄层面	村庄居住人数	村庄居住人数的对数	7.642	0.857
	村庄地势	0=平原，1=丘陵，2=山区	1.838	0.823

探讨回流创业是否能够降低农户多维相对贫困指数，模型公式设定如下：

$$MPI_i = \alpha_0 + \alpha_1 EP_i + \alpha_2 X_i + \varepsilon_i \qquad (7-1)$$

式（7-1）中，MPI_i 表示多维相对贫困指数，EP_i 表示农户 i 是否为回流创业，X_i 表示个体、家庭和村庄层面的控制变量，α_1、α_2 表示核心解释变量和控制变量的系数，ε_i 为随机扰动项。

四、农户多维相对贫困现状分析

表 7-3 描述各个维度农户单维贫困发生率。结果表明农户信息获取维度遭受剥夺可能性最高，健康维度遭受剥夺可能性最低。通过对比回流创业农户与返乡未创业农户的贫困发生率差异后得出，返乡群体中未选择创业农户遭受更多维度相对剥夺问题。具体而言，回流创业显著降低农户在收入、生活水平等多个维度的贫困发生率。然而，相对于返乡未创业农户，回流创业农户在支出和社会保障两个维度贫困问题比较突出。可能的原因是一方面相对于未创业农户，由于选择创业农户初期为寻找更好的创业机会、创业支持，需要更多消费等方面支出，所以增加了创业农户支出维度贫困的可能性；另一方面在创业初期由于资金约束，创业者自身福利缺乏保障，与返乡未创业农户对比中产生相对剥夺感，所以创业农户在社会保障维度贫困发生率高于未创业农户。由于所选取维度以及指标之间存在一定关联性，无法从农户单维度贫困发生率验证假设 1 成立。因此，需要进一步分析回流创业缓解农户多维相对贫困的综合效应。

表 7-3　　　　　　　　　回流创业与农户单维贫困发生率　　　　　　　　单位:%

维度	贫困发生率	创业	未创业	差值
收入	22.531	11.000	24.635	-13.635
支出	22.068	25.000	21.533	3.467
资产	21.296	11.000	23.175	-12.175
教育	37.654	31.000	38.869	-7.869
健康	4.167	0.000	4.927	-4.927
社会保障	5.556	7.000	5.292	1.708
主观态度	10.802	5.000	11.861	-6.861
信息获取	45.370	27.000	48.723	-21.723
生活垃圾	22.685	18.000	23.540	-5.54
厕所	38.272	25.000	40.693	-15.693
生活水平	30.247	25.000	31.204	-6.204

注：全体样本观测值为 648 户，其中回流创业为 100 户，未选择创业为 548 户。

表 7-4 描述 k 在不同剥夺维度中取值时，农户多维相对贫困测算结果。首先，随着 k 值不断增大，测度多维相对贫困指标整体上均呈现下降态势。具体来说，当 $k \leqslant 3/11$ 时，处于多维相对贫困状态的农户相对较多，其中，48.60% 的农户存在 3 个及以下维度的剥夺；当 $k \geqslant 6/11$ 时，表明农户处于极端多维剥夺状态，但该部分样本贫困发生率仅为 6.00%。其次，通过表 7-4 给出的回流创业农户与返乡未创业农户的横向比较结果表明相对于回流创业农户，返乡未创业农户遭受剥夺程度相对较高。处于存在 3 个及以下维度剥夺状态的回流未创业农户贫困发生率高于回流创业农户 20.80 个百分点，处于 6 个维度即以上的极端多维剥夺状态的回流未创业农户贫困发生率也高于回流创业农户 4.80 个百分点。

表 7-4　　　　　　　　　回流创业与农户多维相对贫困

	多维剥夺贫困发生率 H（%）			平均剥夺份额 A			多维剥夺贫困指数 MPI		
	全样本	创业	未创业	全样本	创业	未创业	全样本	创业	未创业
1/11	90.40	81.00	92.20	0.262	0.208	0.271	0.237	0.168	0.250
2/11	70.70	53.00	73.90	0.310	0.269	0.315	0.219	0.143	0.233
3/11	48.60	31.00	51.80	0.368	0.331	0.372	0.179	0.103	0.193
4/11	27.9	12.00	30.80	0.438	0.424	0.439	0.122	0.051	0.136
5/11	14.50	6.00	16.10	0.508	0.485	0.509	0.074	0.029	0.082
6/11	6.00	2.00	6.80	0.583	0.545	0.585	0.035	0.011	0.039
7/11	2.00	0	2.40	0.657	0	0.657	0.013	0	0.016

第三节　回流创业对农户多维相对贫困的实证分析

一、回流创业对农户多维相对贫困的影响

表 7-5 给出回流创业对农户多维相对贫困的基准回归结果。由模型 1 可知，核心解释变量回流创业的系数显著为负，表明回流创业对缓解农户多

维相对贫困具有显著的积极作用，考虑到可能存在遗漏变量等问题会影响回归结果，模型（2）、模型（3）、模型（4）中逐次加入个人层面、家庭层面和村庄层面的控制变量，结果表明回流创业在 1% 的统计水平上均为显著，且回归系数为负，即回流创业缓解农户多维相对贫困具有显著的积极作用，假设 1 成立。可能的原因是随着数字乡村建设进程不断深入推进，回流创业活动可借助"互联网"等数字化工具，一方面打造差异化农村产业布局，提升自主创业活动市场竞争力和获利空间，另一方面提升农户数字素养水平，转变农户消极的市场参与态度和行为、增强农户信息获取以及甄别机会能力，进而缓解农户多维相对贫困程度。

表7-5　　　　　　　　　回流创业对农户多维相对贫困的估计结果

变量	模型（1）	模型（2）	模型（3）	模型（4）
	被解释变量：多维相对贫困指数			
回流创业	-0.081*** (0.017)	-0.072*** (0.015)	-0.071*** (0.014)	-0.062*** (0.014)
性别		0.046** (0.019)	0.041** (0.019)	0.043** (0.019)
婚姻		-0.089*** (0.019)	-0.089*** (0.019)	-0.084*** (0.019)
政治面貌		-0.029 (0.023)	-0.027 (0.023)	-0.027 (0.022)
受教育程度		-0.105*** (0.008)	-0.105*** (0.008)	-0.105*** (0.008)
家庭规模			0.002 (0.003)	0.002 (0.003)
社会资本			-0.007*** (0.001)	-0.007*** (0.001)
村庄居住人数				-0.023*** (0.006)
村庄地势				0.020*** (0.006)

续表

变量	模型（1）	模型（2）	模型（3）	模型（4）
	被解释变量：多维相对贫困指数			
_cons	0.250 *** (0.007)	0.472 *** (0.027)	0.507 *** (0.029)	0.636 *** (0.057)
R^2	0.036	0.271	0.295	0.328
adj. R^2	0.034	0.265	0.287	0.318
N	648	648	648	648

注：* 、** 和 *** 分别表示在10% 、5%和1%的统计水平上显著。

在控制变量方面，从户主层面来看，一般来说，女性户主一般是已婚妇女，由于已婚妇女家庭结构稳定，通过合理配置家庭已有资源，自主创业活动绩效就越好，家庭陷入多维相对贫困可能性越低（郭熙保，周强，2016）；受教育程度越高的农户越善于利用数字化工具获取市场信息，善于抓住创业机会，家庭也就不易陷入相对贫困陷阱。从家庭层面来看，社会资本越多不仅体现着对其对于自己所拥有的资源的配置能力，而且有利于提升贫困人口内生发展能力，可以显著降低农户多维相对贫困概率。从村庄层面来看，村庄居住人数越多、村庄地势越平坦与农户多维相对贫困呈负相关，可能的原因是村庄地势越平坦，村庄居住人数越多，劳动力资源较多、乡村空心化和老龄化程度相对较低，将显著缓解农户多维相对贫困程度（宇林军，2016）。

进一步将相对贫困分为经济、社会发展和生态环境三个维度，考察回流创业对不同维度相对贫困的影响。表7-6回归结果显示，回流创业对经济维度、发展能力和生活水平三个维度相对贫困缓解均具有显著的积极作用，这一结果进一步验证回流创业具有多维减贫功能。具体而言，对于农户经济维度和社会发展维度而言，回流创业能通过获取可持续创业收入、提升市场参与程度、转变认知等方式提升农户数字素养水平，增强农户的生计能力（苏岚岚，彭艳玲，2022）；在居住环境方面，由于回流创业农户受到城市文明熏陶，不仅带回现代化城市文明和生活方式，以绿色发展理念追求可持续发展目标，而且积累一定的资金，足以覆盖家庭居住环境改善所需的资金。因此，回流创业缓解经济维度、社会发展维度和生态环境三个贫困维度具有显著积极作用,假设1a-假设1c成立。

表7-6　　　　　　　　**回流创业对不同相对贫困维度的影响**

变量	模型(1)	模型(2)	模型(3)
	经济维度贫困指数	社会发展维度贫困指数	生态环境维度贫困指数
回流创业	-0.044** (0.021)	-0.074*** (0.019)	-0.069** (0.028)
控制变量	控制	控制	控制
_常数项	0.278*** (0.084)	0.848*** (0.077)	0.832*** (0.114)
R^2	0.089	0.427	0.110
N	648	648	648

注:*、**和***分别表示在10%、5%和1%的统计水平上显著。

二、内生性检验

考虑到基准回归模型中,由于回流创业可能存在互为因果和遗漏变量等内生性问题,一方面,回流创业活动可以通过提升数字素养水平缓解农户多维相对贫困,但多维相对贫困农户也可以通过利用数字化工具获取市场信息,从而促进回流创业活动;另一方面,多维相对贫困农户风险偏好态度、信息获取能力等难以预测,会影响自主创业活动绩效,进而影响农户多维相对贫困。为消除内生性产生的估计偏误问题,利用工具变量法进行内生性检验。参考刘斌(2020),选用村庄平均的创业活跃率(剔除了个体自身的创业状态)作为工具变量的原因如下:一方面,村庄平均创业率越高,不仅代表该村庄创业活力好,基础设施完善,而且会存在"同群效应",这些都会对回流创业产生重要的影响。第一阶段回归的结果(见表7-7)显示,村庄平均的创业率系数高度显著,弱工具变量检验值为181.196,说明村庄平均的创业率并非弱工具变量。另一方面,农户多维相对贫困程度不会反过来影响村庄平均的创业率,因此,村庄平均的创业率是一个较为合适的工具变量。使用工具变量法后回流创业的系数在1%的水平上显著为负,结果表明回流创业会显著缓解农户多维相对贫困，其结果具有稳健性。

表 7 - 7　　　　　　　　　　**内生性处理：工具变量法**

变量	被解释变量：多维相对贫困指数	
	阶段一回流创业	阶段二多维相对贫困指数
回流创业	—	- 0. 126 *** (0. 030)
工具变量	0. 768 *** (0. 057)	—
控制变量	控制	控制
N	648	648
一阶段 F 值	181. 196	—

注：*、** 和 *** 分别表示在 10%、5% 和 1% 的统计水平上显著。

三、异质性分析

(一) 地区间异质性

由于我国特殊二元结构下，劳动力由中西部流向东部地区，区域经济发展差异较大，同时基础设施、市场环境以及创业政策等均存在一定差异化程度。由此在不同的条件约束下，不同地区农户做出回流创业决策也会产生一定的差异，同时对农户相对多维相对贫困影响程度也可能不同。本章将样本划分为东、中和西部地区。由表 7 - 8 列（1）结果可以看出，不同地区之间回流创业对农户多维相对贫困影响存在异质性。对于东、中和西部回流创业缓解农户多维相对贫困具有积极作用，其中，东西部地区回流创业缓解农户多维相对贫困影响较为显著。可能的原因是东部地区经济发展好，创业市场政策环境相对较好，回流创业优势较好发挥，因而强化回流创业对缓解农户多维相对贫困积极作用；由于中部地区主要为农业大省，流动人口规模较大，劳动力主要以兼业为主，同时回流创业政策铺展存在一些需要完善的地方，抑制中部地区回流创业优势的发挥。而西部地区，虽然经济相对落后，但相对于其他地区，由于政策上的倾斜，西部地区回流创业活动的边际产出增加相对较多，为西部地区带来宝贵的经济发展契机，进而显著缓解西部地区农户多维相对贫困。

（二）代际异质性

将农户按照年龄划分 17～39 岁为青年、40～65 岁为壮年。由表 7-8 的列（5）结果可以看出，不同年龄段农户回流创业均能缓解农户多维相对贫困状况，但仅壮年的农户回流创业的减贫具有显著作用。可能原因是因为相对于壮年的户主，青年的户主在外出务工经历时间较短以及缺乏相应的创业要素，创办企业的经营能力相对有限，会缩减家庭生活收入和开支，增加家庭陷入多维相对贫困状况可能性；同时壮年的户主在社会网络、识别创业机会等方面具有优势，这一优势使其在创业市场更好地释放自身潜在动能，显著缓解多维相对贫困。因此，由于青年的农户对创业政策的依赖性更强，稳定脱贫的能力较弱，所以其对多维相对贫困的减贫效应并不显著。

表 7-8　　　　　　　　　　　　异质性分析结果

变量	区域差异			代际差异	
	被解释变量：多维相对贫困指数				
	东部	中部	西部	青年	壮年
回流创业	-0.060 *** (0.020)	-0.039 (0.032)	-0.057 ** (0.026)	-0.004 (0.027)	-0.078 *** (0.017)
控制变量	控制	控制	控制	控制	控制
常数项	0.502 *** (0.088)	0.871 *** (0.141)	0.710 *** (0.124)	0.548 *** (0.133)	0.655 *** (0.064)
样本数	263	165	220	98	550

注：*、** 和 *** 分别表示在 10%、5% 和 1% 的统计水平上显著。

四、稳健性检验

为确保基准回归结果的稳健性，将多维相对贫困（多维相对贫困剥夺得分是否大于1/3，否=0，是=1）替换被解释变量进行稳健性检验。由于多维相对贫困为二分类变量，因此选取 Probit 模型进行回归分析。如表7-9所示，模型（1）、模型（2）、模型（3）、模型（4）回流创业系数均在1%水平下显著，且为负。其中，模型（4）中，与返乡未选择创业农户相比，选择回流创业农户降低多维相对贫困发生率16.5个百分比，回流创业是降低农户多维相对贫困发生率的重要因素，且该回归结果与前文基准回归结果基本一致，表明回流创业对农户多维相对贫困影响稳健。

表7-9　　　回流创业与农户多维相对贫困的 **Probit** 回归分析

变量	模型（1）	模型（2）	模型（3）	模型（4）
		被解释变量：多维相对贫困		
回流创业	- 0. 222 *** (0. 055)	- 0. 195 *** (0. 050)	- 0. 183 *** (0. 049)	- 0. 165 *** (0. 049)
个人层面变量		控制	控制	控制
家庭层面变量	—	—	控制	控制
村庄层面变量	—	—	—	控制
常数项	- 0. 500 *** (0. 056)	1. 284 *** (0. 279)	1. 595 *** (0. 319)	2. 835 *** (0. 699)
adj. R^2	0. 0223	0. 1770	0. 2066	0. 2357
N	648	648	648	648

注：表中汇报为 Probit 模型的平均边际效应；*、** 和 *** 分别表示在10%、5% 和1% 的统计水平上显著。

第四节　数字素养在回流创业缓解农户多维相对贫困中的中介作用

为进一步探讨回流创业对农户多维相对贫困的作用机制，将采用数字素养作为中介变量进行实证分析。参考温忠麟和叶宝娟（2014）构建模型如下：

$$MPI_i = \alpha_0 + \alpha_1 EP_i + \alpha_2 X_i + \varepsilon_i \qquad (7-2)$$

$$M_i = \beta_0 + \beta_1 EP_i + \beta_2 X_i + \delta_i \qquad (7-3)$$

$$MPI_i = \gamma_0 + \gamma_1 EP_i + \gamma_2 M_i + \gamma_3 X_i + \mu_i \qquad (7-4)$$

其中，MPI_i 为被解释变量，指农户多维相对剥夺得分；EP_i 为回流创业；X_i 为控制变量；M_i 为中介变量，即数字素养。中介变量为数字素养，数字素养通常通过个人接受和获取信息化能力来体现。α、β、γ 为参数，ε_i、δ_i、μ_i 为随机扰动项。

由表 7-10 可以看出，模型的整体都在 1% 统计水平下显著。其中，列（1）表示回流创业缓解农户多维相对贫困具有显著积极作用，列（2）表示回流创业对数字素养同样具有显著正向影响，从列（3）的结果来看，回流创业、数字素养对农户多维相对贫困剥夺得分的回归结果仍然显著。具体来说，回流创业对农户多维相对贫困剥夺得分的系数从 0.062 变为 0.050，系数变小，但是在 1% 统计水平下依旧显著，表明回流创业对农户多维相对贫困减缓部分通过数字素养提升这一中介渠道传导，即回流创业一部分直接作用于减缓农户多维相对贫困，另一部分是通过数字素养提升间接作用于缓解农户多维相对贫困减缓，假设 2 得到验证。可能的原因是，一是回流创业给农户带来稳定收入渠道。回流创业活动给农村地区提供大批就业岗位，增加周边农户工资性收入，也为提升农村地区数字素养水平提供契机。二是回流创业产生的增能效应。回流创业带动周边农户利用数字化工具获取创业资源政策、创业资金支持，提升识别创业机会能力，有助于提升创业活动质量和绩效。三是回流创业产生的带动效应。随着数字乡村建设逐步推进，回流创业群体将带动周边农户创业需求，形成创业聚集效应，提升农村地区对接市场能力。因此，回流创业通过利用数字化工具，在增加收入的基础上，并且通过数字信息化作用进一步提升农民数字素养能力，降低其内生发展能力不足所陷入的多维相对贫困可能性，为实现乡村全面脱贫注入可持续活力。

表 7 - 10 数字素养中介效应

变量	多维相对贫困指数	数字素养	多维相对贫困指数
回流创业	-0.062^{***} (0.014)	0.102^{***} (0.027)	-0.050^{***} (0.014)
数字素养	—	—	-0.118^{***} (0.020)
控制变量	控制	控制	控制
常数项	0.636^{***} (0.057)	0.223^{**} (0.110)	0.663^{***} (0.056)
N	648	648	648

注：$*$、$**$ 和 $***$ 分别表示在 10%、5% 和 1% 的统计水平上显著。

第五节　本章小结

基于中国劳动力追踪调查（CLDS2016）数据，采用 A – F 模型测度农户多维相对贫困现状，分析回流创业对农户多维相对贫困的影响，进一步检验数字素养的中介作用。分析结果表明，一是农户在信息获取维度遭受剥夺程度最多，48.60% 的农户至少存在 3 个维度的剥夺，处于 6 个维度即以上的极端多维剥夺状态贫困发生率为 6.00%，返乡未创业农户多维贫困发生率高于回流创业农户。二是回流创业对于减缓农户多维相对贫困具有显著的正向影响。分维度来看，回流创业对缓解经济维度、社会发展维度和居住环境等维度贫困均产生积极作用，具有多维减贫效应。三是从异质性角度看，回流创业减贫效应存在明显的区域差异性，减贫效应随着中、东、西部地区逐渐增加，且仅对东西部地区农户多维相对贫困具有显著影响；代际异质性分析表明，不同年龄段的回流创业均缓解农户多维相对贫困，但仅为壮年农户回流创业对农户多维绝对贫困缓解具有显著影响。四是中介机制结果显示，回流创业显著提升农户数字素养水平，回流创业通过数字素养的中介效应间接缓解农户多维相对贫困。

第八章

农村转移劳动力回流创业意愿影响因素分析

第一节　农村转移劳动力回流创业影响因素的路径分析

本章研究人力资本、家庭禀赋和社会融合三个维度因素对农村转移劳动力回流创业意愿的影响。本节首先选取可能影响农村转移劳动力回流创业意愿的因素，然后分析其具体影响的作用路径，最后提出相关假设。为下文选取影响农村转移劳动力回流创业意愿的指标体系明确方向。

一、人力资本因素影响的路径分析

性别假设。男性是社会财富的主要创造者，同时也贡献了绝大多数的家庭收入。无论是在社会上还是在家庭中，男性均被寄予了更高的期待，这也决定了男性农村转移劳动力在回流创业行动上承担着先行者的角色。而女性通常扮演着照顾家庭的角色，在大多数问题的决策上，需要以维持家庭正常运转为前提，所以会更加倾向于从事稳定性较高的活动。因此，女性农村转移劳动力参与风险性较大的回流创业活动的意愿更低。综上所述，提出假设1：男性农村转移劳动力相较于女性农村转移劳动力拥有更高的回流创业意愿。

年龄假设。一般情况下，年龄和个体的婚姻、家庭状况是相联系的，年龄较小的农村转移劳动力大多处于未婚状态，随着年龄增长，农村转移劳动力会逐步经历结婚、生育以及承担照顾老人和抚养小孩的职责。人的精力是有限的，回流创业活动需要消耗个体大量的精力，而处在不同年龄段的农村转移劳动力在家庭中承担的角色是不同，需要付出的精力也是不同的。年龄较低的农村转移劳动力随着年龄的增加，自身精力越旺盛，需要耗费在照顾家庭上的精力较少，因此回流创业意愿在逐年增高。但随着年龄的增加，农村转移劳动力自身的精力在减少，而需要承担的照顾家中老人和抚养小孩等消耗的精力较多，因此回流创业意愿在逐年降低。综上所述，提出假设2：随着年龄的增加，农村转移劳动力回流创业意愿会随着精力消耗的不同呈现出先增加后减少的倒 U 型关系。

受教育程度假设。回流创业需要农村转移劳动力具备一定的专业知识和职业技能，而受教育程度反映了个体学习新知识的能力，因此，受教育程度的增加在一定程度上可以提高农村转移劳动力回流创业的成功率，进而增加其回流创业意愿。但也有研究认为，受教育程度越高的农村转移劳动力越容易在流入地获得工作及较高收入，而为了维持现阶段高收入的状态不变，农村转移劳动力回流创业意愿反而会降低。本书更倾向于前者，随着时代的变迁，农村转移劳动力不再只追求稳定、高收入的工作，精神层面的满足变得同样重要。受教育程度越高的农村转移劳动力，在回流创业获得高收入的同时，实现人生价值的动机也越强烈。综上所述，提出假设3：受教育程度高的农村转移劳动力相较于受教育程度低的农村转移劳动力拥有更高的回流创业意愿。

健康状况假设。良好的身体是回流创业成功的基本保障，健康状况越好的农村转移劳动力，能够以更充沛的精力、更积极的状态投入回流创业活动中，这将大大提高其回流创业的成功率。综上所述，提出假设4：健康状况越好的农村转移劳动力回流创业意愿越高。

二、家庭禀赋因素影响的路径分析

家庭经济能力假设。回流创业不仅需要专业的技能、充沛的精力，还需要充足的资金。为鼓励农村转移劳动力主动回流创业，国家出台了相应的创业贷款政策，这在一定程度上缓解了农村转移劳动力回流创业的资金压力，但家庭经济能力仍然是农村转移劳动力回流创业的重要支撑力量，家庭经济能力越好的农村转移劳动力回流创业的后备资金支持力度越高，回流创业的资本越充足，回流创业意愿也相应越高。综上所述，提出假设5：资金问题是所有农村转移劳动力回流创业必须要考虑的因素，家庭经济能力越高的农村转移劳动力，其回流创业意愿也相应越高。

家庭规模假设。家庭规模对农村转移劳动力回流创业意愿的影响存在两种看法，一种看法认为，家庭规模越大，相应的老人和儿童数量越多，需要花费在照顾老人和抚养子女上的成本和精力也越高，这影响了农村转移劳动力回流创业决策。因此，家庭规模越大，农村转移劳动力回流创业意愿越低。另一种看法认为，家庭规模越大，家中能够创造收入的劳动力数量越多，家庭经济能力越好，相应的农村转移劳动力回流创业意愿越高，本书更倾向于第一种看法。综上所述，提出假设6：家庭规模越大的农村转移劳动力回流创业意愿越高。

家庭宅基地和家庭耕地假设。家庭宅基地和家庭耕地反映了农村转移劳动力的家庭自然资源禀赋，家庭有宅基地或者有耕地的农村转移劳动力，对家乡的归属感就相应的越高，愿意返回家乡、建设家乡的欲望就越强烈。综上所述，提出假设7：家庭有宅基地的相较于家庭没有宅基地的农村转移劳动力拥有更高的回流创业意愿。假设8：家庭有耕地的相较于家庭没有耕地的农村转移劳动力拥有更高的回流创业意愿。

三、社会融合因素影响的路径分析

社会参与假设。农村转移劳动力在参与社会活动时（社会捐款、无偿献血等），可以激发出强烈的社会责任意识。相反的，社会责任意识越强烈的农村转移劳动力，其参与社会公益活动的频率就越高。农村转移劳动力的社会参与水平与社会责任意识两者是互为因果、相互促进的关系。而社会责任意识较高的农村转移劳动力，为了让家乡群众摆脱贫困实现生活富裕，其更愿意返回家乡从事创业活动。因此，农村转移劳动力的社会参与水平，反映了其社会责任意识的高低。而农村转移劳动力社会责任意识的高低又决定了其回流创业意愿的高低。综上所述，提出假设9：随着农村转移劳动力社会参与水平的提高，其回流创业意愿也相应增加。

社会经验假设。农村转移劳动力能够审时度势，及时、准确地在相关领域从事创业活动，这是回流创业活动能否成功的关键因素之一。而社会经验丰富的农村转移劳动力，凭借自身多年的工作经验，更擅长于抓住这种机遇，找准回流创业的最佳时机，这大大增加了回流创业的成功率。此外，社会经验丰富的农村转移劳动力，在遇到与回流创业有关的困难时，能够更加从容、高效地处理问题，这也大大增加了回流创业的成功率。综上所述，提出假设10：社会经验越丰富的农村转移劳动力，其回流创业意愿越高。

社会网络假设。创业信息匮乏是制约农村转移劳动力回流创业的重要因素，而良好的人际关系能够有效化解这种因为创业信息匮乏造成的创业主体间信息不对等的矛盾。社会网络越复杂的农村转移劳动力，具备的人脉关系越广，能够获取的关于回流创业信息的渠道越多，掌握的创业信息自然就越丰富，进而对其成功回流创业具有促进作用。综上所述，提出假设11：社会网络越复杂的农村转移劳动力，其回流创业意愿越高。

社会监督假设。社会监督意识是农村转移劳动力社会责任意识的反映，同时也是农村转移劳动力掌握社会信息多少的反映。由于完成社会监督活动的前提条件是农村转移劳动力拥有强烈的社会正义感和对本地区社会民情充分的了解，根据假设9和假设11的论述，社会责任意识和信息掌握程度均对农村转移劳动力回流创业意愿具有积极影响，因此社会监督意识也对农村转移劳动力回流创业意愿具有积极影响。综上所述，提出假设12：社会监督意识越高的农村转移劳动力，其回流创业意愿将越高。

第二节　变量选取和模型设定

一、变量选取

（一）被解释变量

选取在本地的居住时间超过一个月的、非本地区户籍的、年龄在 15～60 岁的具有回流意愿的农村转移劳动力作为研究对象，通过将问卷"回流的最主要原因是什么？"作为农村转移劳动力回流创业意愿的替代变量，将回答"其他原因"的定义为无回流创业意愿的农村转移劳动力并赋值为 0，将回答"回流创业"的定义为有回流创业意愿的农村转移劳动力并赋值为 1。

（二）核心解释变量

从人力资本、家庭禀赋和社会融合三个维度选取衡量农村转移劳动力回流创业意愿的指标体系。其中人力资本方面选取的指标包括：性别、年龄、受教育程度、健康状况。家庭禀赋方面选取的指标包括：家庭经济能力、家庭规模、家庭宅基地、家庭耕地。社会融合方面选取的指标包括：社会参与、社会经验、社会网络、社会监督。通过从个人、家庭、社会三个维度选取衡量指标，有利于我们更加全面、准确地找到影响农村转移劳动力回流创业意愿的因素。

人力资本方面：性别为二分类变量，将"女性"和"男性"分别赋值为 0 和 1。年龄为定距变量，具体用农村转移劳动力在接受问卷调查时的实际年龄值衡量。年龄的平方，主要用来考察年龄对农村转移劳动力回流创业意愿影响的非线性关系，具体用实际年龄的平方项衡量。受教育程度为多元变量，将"未上过小学""小学""初中""高中或中专""大专或本科及以上"从1~5依次进行赋值。健康状况为多元变量,将"不健康""一般""健康"从1~3依次进行赋值。

家庭禀赋方面:家庭经济能力具体用农村转移劳动力家庭平均每月总收入的对数值衡量。家庭规模具体以农村转移劳动力的家庭人口数衡量。家庭宅基地为二分类变量,具体用户籍地是否有宅基地衡量,将"否"赋值为0,"是"赋值为1。家庭耕地为二分类变量,具体用户籍地是否有耕地衡量,将"否"赋值为0,"是"赋值为1。

社会融合方面:社会参与具体用农村转移劳动力主动参与捐款、无偿献血等志愿活动的频率来衡量,将"没有""偶尔""有时""经常"从1~4依次进行赋值。社会经验具体用农村转移劳动力的"本次流动时间"来衡量,具体指农村转移劳动力本次进城务工的时间。社会网络具体用农村转移劳动力是否参加过同学会、老乡会或家乡商会等来衡量,其中将"否"赋值为0,"是"赋值为1。"社会监督"具体用农村转移劳动力是否有过向政府部门反映情况和提出建议衡量,将"没有""偶尔""有时""经常"从1~4依次进行赋值。

(三)控制变量

为了控制因为遗漏变量而产生的误差问题,选取的控制变量包括政治面貌、流动范围、返回地特征、集体经济、社会保障等5个变量。其中,政治面貌为多元变量,将"群众""共青团员""共产党员"从1~3依次进行赋值。流动范围为多元变量,将"市内跨县""省内跨市""跨省"从1~3依次进行赋值。"返回地特征"具体用农村转移劳动力打算回到家乡的什么地方来衡量,将"农村"赋值为1,"乡镇政府所在地"赋值为2,"县政府所在地"赋值为3。集体经济具体用农村转移劳动力在户籍所在地是否有集体分红来衡量,将"没有集体分红"赋值为0,"有集体分红"赋值为1。社会保障具体用农村转移劳动力是否拥有城镇职工医疗保险来衡量,将"无城镇职工医疗保险"赋值为0,"有城镇职工医疗保险"赋值为1(见表8-1)。

表 8－1　　　　　　　　　　变量描述性统计

变量		变量说明	最小值	最大值	均值	标准差
农村转移劳动力回流创业意愿		无回流创业意愿 =0；有回流创业意愿 =1	0	1	0.140	0.347
人力资本	性别	女 =0；男 =1	0	1	0.512	0.500
	年龄	实际年龄值（岁）	15	60	39.285	11.004
	年龄的平方	实际年龄值的平方项	225	3600	1664	848
	受教育程度	未上过小学 =1；小学 =2；初中 =3；高中或中专 =4；大专或本科及以上 =5	1	5	2.828	0.933
	健康状况	不健康 =1；一般 =2；健康 =3	1	3	2.700	0.576
家庭禀赋	家庭经济能力	家庭平均每月总收入的对数值	4.61	10.24	7.817	0.664
	家庭规模	家庭人口数量（人）	1	9	3.209	1.223
	家庭宅基地	无宅基地 =0；有宅基地 =1	0	1	0.798	0.401
	家庭耕地	无耕地 =0；有耕地 =1	0	1	0.622	0.485
社会融合	社会参与	参与捐款、无偿献血、志愿活动。没有 =1；偶尔 =2；有时 =3；经常 =4	1	4	1.327	0.659
	社会经验	本次流动时间（年）	0	37	5.889	6.175
	社会网络	参加过同学会、老乡会、家乡商会。否 =0；是 =1	0	1	0.249	0.433
	社会监督	通过各种方式向政府有关部门反映情况/提出政策建议。没有 =1；偶尔 =2；有时 =3；经常 =4	1	4	1.049	0.284
控制变量	政治面貌	群众 =1；共青团员 =2；共产党员 =3	1	3	1.090	0.374
	流动范围	市内跨县 =1；省内跨市 =2；跨省 =3	1	3	2.512	0.715
	返回地特征	农村 =1；乡镇政府所在地 =2；县政府所在地 =3	1	3	1.324	0.673
	集体经济	没有集体分红 =0；有集体分红 =1	0	1	0.029	0.168
	社会保障	无城镇职工医疗保险 =0；有城镇职工医疗保险 =1	0	1	0.086	0.280

二、模型设定

由于被解释变量 y "农村转移劳动力回流创业意愿"为二值变量，选取 Probit 模型来考察农村转移劳动力回流意愿的影响因素，利用最大似然法对参数进行非线性估计。Probit 模型是一种线性模型，该模型的优点是可以用潜变量法推导出最大似然估计量。模型表达式如下：

$$p = p(y = 1/X) = \Phi(\beta X)$$

式中，p 表示农村转移劳动力有回流创业意愿的概率；y 取值为 1 表示样本中农村转移劳动力有回流创业意愿，y 取值为 0 则表示样本中农村转移劳动力没有回流创业意愿；Φ 是标准正态分布函数；X 为表 8 - 1 中所列的解释变量向量，即可能影响农村转移劳动力回流创业意愿的因素；$\beta(\beta_0, \beta_1, \cdots, \beta_n)$ 为待估计参数，$\beta_i > 0$（不包括 β_0）说明对应的解释变量 x_i 对农村转移劳动力有回流创业意愿的概率有正向影响。

第三节 农村转移劳动力回流创业意愿的影响因素实证分析

一、农村转移劳动力回流创业意愿影响因素的基本回归分析

表 8 - 2 中的模型（1）至模型（3）分别为农村转移劳动力的人力资本、家庭禀赋和社会融合依次加入模型中的回归结果，模型（4）为将所有变量共同加入模型中的回归结果，从各模型前后的回归结果来看，核心解释变量的正负号和显著性均未发生明显变化。因此，将依据模型（4）对农村转移劳动力回流创业意愿的影响因素作出分析。

表 8 - 2　　　　　　　　农村转移劳动力回流创业意愿分析结果

变量		模型（1）	模型（2）	模型（3）	模型（4）
人力资本	性别	0. 441 *** (5. 43)			0. 451 *** (5. 46)
	年龄	0. 040 ** (2. 54)			0. 055 * (1. 90)
	年龄的平方	- 0. 001 ** (- 2. 41)			- 0. 001 *** (- 2. 72)
	受教育程度	0. 033 * (1. 86)			0. 030 ** (2. 21)
	健康状况	0. 053 *** (3. 06)			0. 071 *** (3. 91)
家庭禀赋	家庭经济能力		0. 012 * (1. 83)		0. 018 ** (2. 30)
	家庭规模		- 0. 069 *** (- 2. 09)		- 0. 045 ** (- 2. 44)
	家庭宅基地		- 0. 155 (- 1. 62)		- 0. 081 (- 0. 88)
	家庭耕地		- 0. 125 (- 1. 53)		- 0. 182 (- 1. 39)
社会融合	社会参与			0. 129 ** (2. 30)	0. 100 * (1. 92)
	社会经验			0. 021 *** (3. 65)	0. 005 * (1. 73)
	社会网络			0. 101 ** (2. 34)	0. 053 *** (2. 66)
	社会监督			0. 274 ** (2. 30)	0. 169 ** (2. 50)
控制变量	政治面貌	0. 048 ** (2. 51)	0. 112 ** (2. 24)	0. 093 *** (2. 58)	0. 031 * (1. 92)
	流动范围	0. 046 (0. 83)	0. 035 (0. 65)	0. 045 (0. 397)	0. 061 (1. 09)

变量		模型（1）	模型（2）	模型（3）	模型（4）
控制变量	返回地特征	0.255*** (4.80)	0.351*** (7.00)	0.344*** (6.96)	0.268*** (4.92)
	集体经济	0.311 (1.46)	0.306 (1.50)	0.253 (1.23)	0.338 (1.57)
	社会保障	−0.033** (−2.25)	−0.066*** (−3.52)	−0.037** (−2.28)	−0.050*** (−3.38)
常数项		−2.262	−1.300	−2.179	−2.189
Pseudo R^2		0.106	0.053	0.057	0.115

注：*、**和***分别表示10%、5%和1%的统计水平上显著；括号中的数值为z值。

（一）人力资本影响的基本回归分析

性别在1%显著水平上为正，表明男性农村转移劳动力相较于女性有更高的回流创业意愿，假设1成立。这可能是因为男性相较于女性拥有更加敏锐的洞察力和更高的理想抱负，能够精准地把握回流创业时机，同时社会对男性有更高的期待，决定了男性在关键问题上有先行的魄力。男性的自身因素以及男性在社会中所承担的角色决定了男性拥有更高的回流创业意愿。

年龄在10%显著水平上为正，而年龄的平方在1%显著水平上为负，表明随着年龄的增长，农村转移劳动力回流创业意愿呈现出先增加后降低的倒U型关系，假设2成立。这可能是因为当农村转移劳动力处在青年阶段时没有家庭因素的限制，生活成本较低，自身精力更加充沛，因此回流创业意愿会逐年增加；但当农村转移劳动力成家之后会受到家庭因素影响，如照顾父母、抚养子女等，其生活成本增长导致的自身精力不足使其回流创业意愿在逐渐降低。

受教育程度在5%显著水平上为正，表明随着受教育程度的增加，农村转移劳动力回流创业意愿也相应增加，符合假设3。这可能是因为受教育程度越高的农村转移劳动力学习能力也相应越强，掌握相关领域的专业知识和职业技能也会越丰富，这在一定程度上能极大提高回流创业的成功率，因此受教育程度越高的农村转移劳动力拥有更高的回流创业意愿。

健康状况在1%显著水平上为正，表明健康状况好的农村转移劳动力相较于健康状况差的农村转移劳动力有更高的回流创业意愿，符合假设4。这一结论符合现实情况，健康状况是一切创业活动的前提条件，只有当农村转移劳动力拥有了良好的身体素质，才能有充足的精力应对创业时极大的工作负荷。因此，健康状况越好的农村转移劳动力回流创业意愿也越高。

（二）家庭禀赋影响的基本回归分析

家庭经济能力在5%显著水平上为正，表明家庭经济状况越好的农村转移劳动力，回流创业意愿越高，假设5成立。这可能是因为资金是回流创业的前提，一般的创业活动在物料设备购置、人员聘请等方面均需要大量的资金支持，而家庭经济状况好的农村转移劳动力，有更充足的资金进行创业活动，因此其回流创业意愿更高。

家庭规模在5%显著水平上为负，表明家庭规模越大的农村转移劳动力回流创业意愿越低，符合假设6。原因可能是家庭规模越大的农村转移劳动力，其回流创业时受到的家庭因素限制也越多，如家庭支出增加、对老人和子女的生活保障等是影响其回流创业意愿的重要因素。因此，家庭规模越大的农村转移劳动力，需要花费在家庭上的精力就越大，其回流创业意愿也就越低。

家庭宅基地和家庭耕地对农村转移劳动力回流创业意愿的影响为负但不显著，表明家里是否有宅基地或耕地对回流创业意愿没有明显影响，假设7和假设8均不成立。这可能是因为农村宅基地和农村耕地对农村转移劳动力回流创业的吸引力不高，农村转移劳动力在做出回流创业决策时并不会将家中是否有宅基地或耕地纳入考虑范围。因此，家庭宅基地和家庭耕地对农村转移劳动力回流创业意愿不存在显著影响。

（三）社会融合影响的基本回归分析

社会参与在10%显著水平上为正，表明随着农村转移劳动力的社会参与水平逐渐提高，其回流创业意愿也在相应加大，假设 9 成立。这可能是因为农村转移劳动力在参与社会捐款、无偿献血等志愿活动时，形成了强烈的社会责任感和奉献精神。在乡村振兴战略深入推进的今天，其更愿意响应政府号召回流创业，带领家乡群众共同脱贫致富。因此，社会参与水平越高的农村转移劳动力，其为实现精神层面的满足而选择回流创业的意愿就越高。

社会经验在 10% 显著水平上为正，表明农村转移劳动力的社会经验越丰富，即其在城市居留的时间越长，其回流创业意愿越大，假设 10 成立。原因可能是社会经验越丰富的农村转移劳动力，凭借其积累的社会阅历，在很多情况下能够准确把握回流创业的最佳时机，同时也能够更加高效地处理在创业时遇到的各种困难，对其回流创业的成功率有积极影响，进而大大增加了农村转移劳动力的回流创业意愿。

社会网络在 1% 显著水平上为正，表明农村转移劳动力的社会网络越复杂，其回流意愿在逐渐加大，假设 11 成立。这可能是因为社会网络反映了农村转移劳动力掌握回流创业信息的渠道，社会网络越复杂的农村转移劳动力，其掌握的关于回流创业的信息就越丰富，而此类信息资源通常是不对称的，因此能够极大地提高回流创业的竞争力，进而提高农村转移劳动力回流创业意愿。

社会监督在 5% 显著水平上为正，表明农村转移劳动力的社会监督意识越高，其拥有的回流创业意愿也越高，假设 12 成立。原因可能是当农村转移劳动力通过各种方式向政府有关部门反映情况、提出建议时，可以从侧面反映出该农村转移劳动力拥有强烈的社会责任感，并且充分了解本地区的社会民情。因此，社会监督意识越高的农村转移劳动力，同时具备了更高的社会参与水平和更复杂的社会网络关系，进而增加了其回流创业意愿。

（四）控制变量影响的基本回归分析

政治面貌在 1% 显著水平上为正，表明政治面貌是共产党员的农村转移劳动力相较于不是共产党员的农村转移劳动力具有更高的回流创业意愿，这可能是因为共产党员具有较高的思想意识、社会责任感和奉献精神，他们更愿意回到家乡创业，带领家乡人民一起脱贫致富，因此其回流创业意愿更高。流动范围对农村转移劳动力的回流创业意愿影响为正但不显著，表明流动范围的不同对农村转移劳动力的回流创业意愿没有影响，原因可能是现阶段交通体系日益完善，距离因素已不再是农村转移劳动力回流创业的决定性因素，因此，流动范围对农村转移劳动力回流创业意愿不产生影响。返回地特征在1%水平上为正，表明随着返回地越靠近县政府所在地，农村转移劳动力的回流创业意愿越高。原因可能是县政府所在地的基础设施较好，农村转移劳动力有更好的创业环境，同时县政府所在地拥有相对不错的教育环境，能有效满足对子女的教育需求，因此，农村转移劳动力的返回地越靠近县政府所在地，其回流创业意愿越高。集体经济对农村转移劳动力回流创业意愿的影响系数为正但不显著，表明家乡是否拥有集体经济对农村转移劳动力回流创业意愿没有影响。原因可能是我国农村的集体经济数额还太小，未能有效激发农村转移劳动力的回流创业意愿，因此对其回流创业意愿没有影响。社会保障在1%显著水平上为负，表明农村转移劳动力在流入地的社会保障水平越高，其回流创业意愿就越低。原因可能是社会保障水平越高的农村转移劳动力对现有状况的满意度就越高，回流创业的意愿就越低。

二、农村转移劳动力回流创业意愿影响因素的异质性分析

（一）不同家庭生命周期农村转移劳动力回流创业意愿影响因素分析

为了分析在不同家庭生命周期下农村转移劳动力回流创业意愿影响因素的异质性，继续使用2016年全国流动人口动态监测调查数据（CMDS），以农村转移劳动力的婚姻、生育状况和子女年龄为划分依据，将农村转移劳动力家庭划分为四类，分别为未婚、已婚未育、已婚已育且子女小于15岁、已婚已育且子女大于15岁（以下分别称为Ⅰ类、Ⅱ类、Ⅲ类、Ⅳ类家庭），这四类家庭类型对应的农村转移劳动力处在不同的年龄阶段，其在家庭中需要承担角色也不相同。继续以农村转移劳动力回流创业意愿为被解释变量，

以人力资本、家庭禀赋、社会融合为解释变量，分析处于不同家庭生命周期下的农村转移劳动力回流创业意愿影响因素的异质性。回归结果如表8-3所示。

表8-3   不同家庭生命周期下农村转移劳动力回流创业意愿影响

变量		未婚（Ⅰ）	已婚未育（Ⅱ）	已婚已育且子女小于15岁（Ⅲ）	已婚已育且子女大于15岁（Ⅳ）
		模型（5）	模型（6）	模型（7）	模型（8）
人力资本	性别	0.431*** (2.63)	0.370* (1.84)	0.529*** (4.45)	0.439*** (2.88)
	年龄	0.070** (2.26)	-0.005** (-2.07)	-0.036** (-2.55)	0.227*** (3.21)
	受教育程度	0.096*** (3.02)	0.025*** (3.24)	0.134* (1.96)	0.094* (1.95)
	健康状况	0.092** (2.33)	0.025** (2.12)	0.028** (2.21)	0.219*** (2.79)
家庭禀赋	家庭经济能力	0.221*** (2.78)	0.140* (1.84)	0.012*** (3.12)	0.112*** (3.96)
	家庭规模	0.024** (2.33)	0.103*** (3.60)	-0.127* (-1.77)	0.104** (2.22)
	家庭宅基地	-0.023 (-0.11)	-0.539 (-1.44)	0.128 (0.88)	-0.265 (-1.35)
	家庭耕地	-0.128 (-0.75)	-0.501 (-1.48)	-0.192 (-1.60)	-0.011 (-0.06)
社会融合	社会参与	-0.043 (-0.35)	-0.229 (-1.64)	0.166 (1.02)	0.055*** (3.50)
	社会经验	0.025*** (3.16)	0.032*** (2.80)	0.010* (1.78)	0.002*** (3.17)
	社会网络	0.109*** (2.61)	0.283** (2.22)	0.130** (2.04)	0.018*** (3.11)
	社会监督	0.261*** (2.95)	0.045** (2.27)	0.129*** (3.48)	0.354*** (2.87)
控制变量		YES	YES	YES	YES
常数项		-4.396	-1.036	-0.476	-5.102
Pseudo R²		0.051	0.021	0.060	0.077

注：*、**和***分别表示10%、5%和1%的统计水平上显著；括号中的数值为z值。

1. 人力资本。

性别、受教育程度、健康状况对农村转移劳动力回流创业意愿的影响在四类家庭中均显著为正，与总样本的回归结果一致。表明无论是处在哪一类家庭生命周期下，男性相较于女性、受教育程度高的相较于受教育程度低的、健康状况好的相较于健康状况差的农村转移劳动力均具有较高的回流创业意愿。

年龄对Ⅰ类和Ⅳ类家庭的农村转移劳动力回流创业意愿影响显著为正，对Ⅱ类和Ⅲ类家庭的农村转移劳动力回流创业意愿影响显著为负。表明随着年龄的增加，处在Ⅰ类和Ⅳ类家庭的农村转移劳动力回流创业意愿在逐渐增加，处在Ⅱ类和Ⅲ类家庭的农村转移劳动力回流创业意愿在逐渐降低。原因可能是处在Ⅰ类家庭的农村转移劳动力没有如照顾子女等家庭因素限制，处在Ⅳ类家庭的农村转移劳动力家中虽有子女但已年满15岁，随着年龄的增加，照顾子女的压力会进一步减轻，从而有相对充沛的精力从事回流创业活动。而Ⅱ类家庭处在已婚未育阶段，新组建的家庭暂时没有精力从事回流创业，Ⅲ类家庭处在已婚已育且子女小于15岁阶段，随着年龄的增加，子女的教育压力会逐步加大，农村转移劳动力回流创业意愿在逐步降低。

2. 家庭禀赋。

家庭经济能力对四类家庭的农村转移劳动力回流创业意愿影响均显著为正，与总样本的回归结果一致。表明随着家庭经济能力的提高，处在四类家庭的农村转移劳动力回流创业意愿均在增加。家庭宅基地和家庭耕地对四类家庭的农村转移劳动力回流创业意愿影响均不显著，与总样本的回归结果一致。表明家庭宅基地和家庭耕地对四类家庭的农村转移劳动力回流创业意愿均没有影响。

家庭规模对Ⅰ类、Ⅱ类、Ⅳ类家庭的农村转移劳动力回流创业意愿影响均显著为正，但对Ⅳ类家庭的农村转移劳动力回流创业意愿影响显著为负。表明随着家庭规模的加大，Ⅰ类、Ⅱ类、Ⅳ类家庭的农村转移劳动力回流创业意愿在增加，Ⅲ类家庭的农村转移劳动力回流创业意愿在降低。原因可能是Ⅰ类、Ⅱ类、Ⅳ类家庭的家庭规模增加，主要集中在家庭劳动人口数量的增加，对家庭经济能力的贡献超过了对家庭生活成本的增加，农村劳动力回流创业意愿也相应在增加，而Ⅲ类家庭的家庭规模增加，主要集中在子女数量的增加，而子女的教育是家庭的核心问题，城市相较于农村有更加优越的教育资源，因此降低了农村转移劳动力的回流创业意愿。

3. 社会融合。

社会参与对Ⅰ类、Ⅱ类、Ⅲ类家庭的农村转移劳动力回流创业意愿影响均不显著，但对Ⅳ类家庭的农村转移劳动力回流创业意愿显著为正，原因可能是处在Ⅰ类、Ⅱ类、Ⅲ类家庭的农村转移劳动力年龄大多处在 15～40 岁，在参与社会捐款、无偿献血等志愿活动时，与社会责任意识和奉献精神联系不足，因此，社会参与水平对Ⅰ类、Ⅱ类、Ⅲ类家庭的农村转移劳动力回流创业意愿没有影响。而处在Ⅳ类家庭的农村转移劳动力年龄大多在 40 岁以上，此时，在参与社会捐款、无偿献血等志愿活动时，由于人生阅历相对丰富，能够有效激发其社会责任意识和奉献精神，因此当社会参与水平提高时，对其回流创业意愿的促进作用在逐步增加。

社会经验、社会网络和社会监督对四类家庭的农村转移劳动力回流创业意愿影响显著为正，这与总样本的回归结果一致，表明无论是处在哪一类型家庭，随着农村转移劳动力社会经验越丰富、社会网络越复杂、社会监督意识越高，其回流创业意愿均越高。

（二）不同区域间农村转移劳动力回流创业意愿影响因素分析

将总样本按东、中、西部三个区域进行划分，从人力资本、家庭禀赋和社会融合三个维度，研究农村转移劳动力回流创业意愿影响因素的区域异质性。回归结果如表 8-4 所示。

表 8-4　　　不同区域间农村转移劳动力回流创业意愿影响因素分析

变量		东部地区	中部地区	西部地区
		模型（9）	模型（10）	模型（11）
人力资本	性别	0.509 *** (4.59)	0.609 *** (2.88)	0.286 ** (2.41)
	年龄	-0.015 (-0.43)	0.240 *** (2.89)	0.103 ** (2.48)

续表

变量		东部地区	中部地区	西部地区
		模型（9）	模型（10）	模型（11）
人力资本	年龄的平方	− 0.002 （− 0.26）	− 0.003 *** （− 2.89）	− 0.002 *** （− 3.26）
	受教育程度	0.132 * （1.93）	0.037 *** （3.23）	0.030 *** （3.48）
	健康状况	0.028 *** （3.23）	0.481 *** （3.22）	0.067 *** （3.61）
家庭禀赋	家庭经济能力	0.001 *** （3.05）	0.037 *** （3.20）	0.074 *** （3.80）
	家庭规模	− 0.054 （− 1.12）	− 0.102 ** （− 2.14）	− 0.013 *** （− 3.26）
	家庭宅基地	− 0.286 （− 1.07）	− 0.016 （− 0.06）	0.119 （0.83）
	家庭耕地	0.007 （0.06）	− 0.381 （− 0.78）	− 0.308 （− 1.42）
社会融合	社会参与	0.040 *** （3.50）	0.277 （0.95）	0.111 （1.34）
	社会经验	0.003 ** （2.24）	0.013 * （1.86）	0.015 ** （2.51）
	社会网络	0.008 *** （3.06）	0.200 *** （3.85）	0.075 *** （3.57）
	社会监督	0.345 * （1.93）	0.308 *** （2.95）	0.001 ** （2.03）
控制变量		YES	YES	YES
常数项		− 1.051	− 7.610	− 2.711
Pseudo R^2		0.110	0.166	0.090

注：*、** 和 *** 分别表示 10%、5% 和 1% 的统计水平上显著；括号中的数值为 z 值。

1. 人力资本。

性别、受教育程度、健康状况对东、中、西三个地区的农村转移劳动力回流创业意愿的影响均显著为正，这与总样本的回归结果一致，表明东、中、西三个地区的男性相较于女性、受教育程度高的相较于受教育程度低的、健康状况好的相较于健康状况差的农村转移劳动力均具有较高的回流创业意愿。

对东部地区，年龄和年龄的平方对农村转移劳动力回流创业意愿影响不显著。对中西部地区，年龄对农村转移劳动力回流创业意愿影响均显著为正，年龄平方的影响均显著为负。表明年龄对东部地区的农村转移劳动力回流创业意愿影响不显著，但对中西部地区而言，随着年龄的增加，农村转移劳动力的回流创业意愿呈现出先增加后降低的倒 U 型关系。原因可能是东部地区是我国经济发达地区，随着年龄的增加，农村转移劳动力回流创业意愿几乎不受照顾老人和抚养子女等因素的影响，但中西部地区是我国的经济欠发达地区，农村转移劳动力属于成本敏感型，其回流创业意愿呈现出倒 U 型的原因与总样本一致，即随着年龄的增加，家庭人口结构变化导致生活成本的改变，农村转移劳动力的精力会呈现出先增加后降低的倒 U 型关系，进而其回流创业意愿也相应呈现出先增加后降低的倒 U 型关系。

2. 家庭禀赋。

家庭经济能力对东中西部地区的农村转移劳动力回流创业意愿影响显著为正，表明家庭经济能力对东中西部地区的农村转移劳动力回流创业意愿有正向促进作用，这与总样本的回归结果一致。家庭承包地和家庭耕地对农村转移劳动力回流创业意愿影响不显著，家庭是否有宅基地或耕地对农村转移劳动力回流创业意愿没有影响，这也与总样本的回归结果一致。

家庭规模对东部地区的农村转移劳动力回流创业意愿影响不显著，但对中西部地区的农村转移劳动力回流创业意愿影响显著为负，表明随着家庭规模的增加，对东部地区的农村转移劳动力回流创业意愿没有影响，但中西部地区的农村转移劳动力回流创业意愿在逐渐降低。原因可能是家庭规模越大的农村转移劳动力，家庭生活成本会越高，而东部地区的人民生活水平相对富裕，生活成本的增加对农村转移劳动力回流创业意愿没有影响，而中西部贫困地区的农村转移劳动力则因为生活成本的增加，降低了其回流创业意愿。

3. 社会融合。

社会参与对东部地区的农村转移劳动力回流创业意愿影响显著为正，但对中西部地区的农村转移劳动力回流创业影响不显著。表明对东部地区而言，农村转移劳动力的社会参与水平越高，其回流创业意愿越高；对中西部区而言，农村转移劳动力的社会参与水平对其回流创业意愿没有影响。原因可能是东部地区的农村转移劳动力的思想较为开放，在参与社会公益活动时，能有效激发其社会责任意识和奉献精神，进而提高其回流创业意愿，而中西部地区的农村转移劳动力的思想相对保守，参加社会公益活动对其回流创业意愿没有影响。

社会经验、社会网络、社会监督对东中西部地区的农村转移劳动力回流意愿影响均显著为正，这与总样本的回归结果一致，表明无论是东部、中部还是西部地区，社会经验越丰富、社会网络越复杂、社会监督意识越高的农村转移劳动力，其回流创业意愿均越高。

三、农村转移劳动力回流创业意愿影响因素的稳健性检验

为了检验结果可靠性，采用两种方式对实证结果进行稳健性检验。第一种是将 Probit 模型替换为 Logit 模型进行重新回归。第二种是分别剔除了农村转移劳动力家庭收入前 10% 和后 10% 的样本进行重新回归。回归结果如表 8 - 5 所示，可以看到，无论是替换模型检验还是调整样本检验，在农村转移劳动力回流创业意愿影响因素的回归结果中，各解释变量影响的正负号、显著性、系数大小均未出现较大波动，进而证实了本书结果的可靠性。

表 8 - 5　　　农村转移劳动力回流创业意愿影响因素的稳健性检验

变量		替换模型	调整样本
		模型（12）	模型（13）
人力资本	性别	0.836 *** (5.45)	0.456 *** (5.50)
	年龄	0.113 ** (2.10)	0.055 * (1.90)

续表

变量		替换模型	调整样本
		模型（12）	模型（13）
人力资本	年龄的平方	-0.002 *** (-2.92)	-0.001 *** (-2.72)
	受教育程度	0.053 * (1.95)	0.027 *** (2.58)
	健康状况	0.072 *** (3.95)	0.041 ** (2.51)
家庭禀赋	家庭经济能力	0.093 ** (2.84)	0.086 * (1.76)
	家庭规模	-0.088 * (-1.85)	-0.045 ** (-2.26)
	家庭宅基地	-0.190 (-1.03)	-0.114 (-1.14)
	家庭耕地	-0.235 (-1.52)	-0.123 (-1.45)
社会融合	社会参与	0.159 * (1.77)	0.092 *** (2.60)
	社会经验	0.013 *** (2.94)	0.008 ** (2.09)
	社会网络	0.099 * (1.69)	0.045 ** (2.50)
	社会监督	0.461 ** (1.99)	0.262 ** (2.06)
控制变量		YES	YES
常数项		-3.983	-1.950
Pseudo R^2		0.115	0.118

注：*、** 和 *** 分别表示10%、5%和1%的统计水平上显著；括号中的数值为 z 值。

第四节　本章小结

本章首先从人力资本、家庭禀赋和社会融合三个维度选取可能影响农村转移劳动力回流创业意愿的指标，然后设定二元 Probit 模型实证检验我国农村转移劳动力回流创业意愿的影响因素，再继续分析在不同家庭生命周期下和区域间的农村转移劳动力回流创业意愿影响因素的异质性，最后对上述研究结论做稳健性检验。得出以下结论：第一，男性、受教育程度越高、健康状况越好的农村转移劳动力，其回流创业意愿越高；年龄对农村转移劳动力回流创业意愿的影响呈现倒 U 型。在家庭禀赋方面，家庭经济能力越好、家庭规模越小的农村转移劳动力，其回流创业意愿越高；家庭是否拥有宅基地或耕地对农村转移劳动力回流创业意愿没有影响。在社会融合方面，社会参与水平越高、社会经验越丰富、社会网络越复杂、社会监督意识越高的农村转移劳动力，其回流创业意愿越高。第二，随着年龄的增加，对处在 I 类和 IV 类家庭的农村转移劳动力回流创业意愿有正向促进作用，但对处在 II 类和 III 类家庭的农村转移劳动力回流创业意愿有负向影响。随着家庭规模的扩大，处在 I 类、II 类、IV 类家庭的农村转移劳动力回流创业意愿在增加，但处在 III 类家庭的农村转移劳动力回流创业意愿在降低。随着社会参与水平的增加，对处在 I 类、II 类、III 类家庭的农村转移劳动力回流创业意愿没有影响，对处在 IV 类家庭的农村转移劳动力回流创业意愿有正向促进作用。第三，年龄对东部地区的农村转移劳动力回流创业意愿没有影响，但对中西部地区的农村转移劳动力回流意愿的影响呈现出先增加后减少的倒 U 型关系。家庭规模对东部地区的农村转移劳动力回流创业意愿没有影响，但对中西部地区的农村转移劳动力回流创业意愿有显著的负向影响。社会参与水平的提高能显著增加东部地区的农村转移劳动力回流创业意愿，但对中西部地区的农村转移劳动力回流创业意愿没有影响。

| 第九章 |

研究结论与政策启示

第一节　研究结论

本书研究我国农村转移劳动力回流相关问题研究，主要做了以下工作：一是分析长三角地区各区县农村转移劳动力不同家庭生命周期的家庭化迁移的空间分布特征，采用多项 Logit 模型深入探究长三角地区农村转移劳动力不同家庭生命周期的家庭化迁移的影响因素及异质性；二是从职业特征、个体特征、流动特征、社会经济特征四个方面分析农村转移劳动力城市居留意愿微观决策机制；三是将从未外出的农村留守劳动力作为参照样本引入 PSM 模型，在排除了劳动者即使是在农村也能够接触到的影响因素后，分析外出务工经历对农村劳动力的非农就业选择的影响；四是探讨互联网使用对农村转移劳动力创业选择的影响；五是采用 A－F 模型测度农户多维相对贫困现状，分析回流创业对农户多维相对贫困的影响，进一步检验数字素养的中介作用。得出以下结论：

一是分析具有回流意愿和回流创业意愿的农村转移劳动力特征，并概括了农村转移劳动力回流创业的可行性和外部性。二是从人力资本、家庭禀赋和社会融合三个维度选取指标，使用二元 Probit 模型实证检验我国农村转移劳动力回流创业的影响因素。三是从家庭生命周期和区域视角研究我国农村转移劳动力回流创业意愿影响因素的异质性。主要得出以下结论：

第一，长三角地区农村转移劳动力家庭化迁移趋势明显，79.63%的农村转移劳动力呈现家庭化迁移特征。进一步分析发现长三角地区农村转移劳动力家庭化迁移主要集中在长三角中部与南部地区，并且三类家庭在空间分布上存在较强的异质性。其中，未育夫妻家庭（Ⅰ类家庭）主要分布在长三角中部地区，形成了以南京市、上海市等中心城市向外围地区梯度递减的分布规律；夫妻与未婚子女家庭（Ⅱ类家庭）与未婚者与父母家庭（Ⅲ类家庭）则形成了数量众多、散落式的多点集聚区域，基本分散在长三角地区南部，在空间分布上呈现以经济发达的区县为核心向外围地区梯度递减的分布规律。此外，农村转移劳动力家庭化迁移存在显著的"热点"（高值聚类）和"冷点"（低值聚类）区域，呈现出"同质集聚、异质隔离"的空间关联特征。个人特征、流动特征、社会保障、家庭特征等因素对长三角地区农村转移劳动力不同家庭生命周期的家庭化迁移影响。其中，年龄、婚姻状况、迁入时长、家庭人口规模、家庭月收入、家庭平均年龄等对三类家庭的家庭化迁移均有显著影响，性别、户籍类别、个人月收入、流动时间、流动范围、医保、社保、家庭居住方式、家庭耕地等对三类家庭的家庭化迁移具有差异性影响。

第二，在职业特征中，"自雇"农村转移劳动力城市居留意愿显著高于"他雇"农村转移劳动力；与劳力型农村转移劳动力相比，从事投资型职业农村转移劳动力的城市居留意愿相对较低，而从事智力型职业的农村转移劳动力城市居留意愿与其不存在显著性差别。在个体特征中，性别和户口对农村转移劳动力城市居留意愿不存在显著性影响，但婚姻、年龄、受教育水平对农村转移劳动力城市居留意愿具有显著影响。其中，年龄和受教育水平对农村转移劳动力城市居留意愿呈现先上升后下降的倒 U 型影响。在流动特征中，省内流动的农村转移劳动力城市居留意愿显著高于跨省流动的农村转移劳动力；与流入到西部农村转移劳动力相比，流入到东部农村转移劳动力的城市居留意愿更高。在社会经济特征中，月总收入、住房类型和邻里关系对农村转移劳动力城市居留意愿具有显著影响。其中，月总收入越高，农村转移劳动力城市居留意愿越高；拥有自建或自购住房农村转移劳动力城市居留意愿显著高于无自有住房农村转移劳动力；邻里关系越好的农村转移劳动力城市居留意愿越强。

第三，即使是在具有相同个体特征、人力资本水平特征、家庭特征、土地特征、村居特征的反事实样本（从未外出的农村劳动力）对照下，具有外出务工经历的农村劳动力依然更倾向于选择非农就业。外出务工经历使得农村劳动力的非农就业转移倾向提高7.5%。开展政府培训不一定会促进非农就业转移。政府培训对非农就业有显著负向影响，而多次参加政府培训对非农就业有显著正向影响。说明单次的政府就业技术培训对农村劳动力非农能力的改善效果较差，可能会由于政策实施不到位或者技术培训难度较大产生反效果，多次的政府技能培训才能够增加发挥非农就业转移的作用。外出务工经历通过工作经验变量对非农就业影响发挥了局部中介效应，中介效应占比约为40%。表明工作经验的增加，有力地解释了外出务工后返乡的农村劳动力非农就业转移的原因，通过增加农村劳动力的工作经验能够促进农村劳动力的非农就业转移。

第四，互联网使用能够提高农村转移劳动力创业概率，同时对农村转移劳动力机会型创业具有促进作用。中介效应分析结果表明互联网使用能够促进农村转移劳动力与外界的交流，巩固已有社会资本并形成新的社会资本，进而促进农村转移劳动力创业。同时互联网使用拓宽了农村转移劳动力获取信息的渠道，缓解融资信息不对称，提高农村转移劳动力向正规融资渠道借贷可能性，进而促进农村转移劳动力创业。异质性分析结果表明互联网使用对农村转移劳动力创业决策存在显著的地区差异、代际差异，互联网使用对中西部地区与壮年农村转移劳动力的创业决策影响更大。

第五，农户在信息获取维度遭受剥夺程度最多，48.60%的农户至少存在3个维度的剥夺，处于6个维度即以上的极端多维剥夺状态贫困发生率为6.00%，返乡未创业农户多维贫困发生率高于回流创业农户。回流创业对于减缓农户多维相对贫困具有显著的正向影响。分维度来看，回流创业对缓解经济维度、社会发展维度和居住环境等维度贫困均产生积极作用，具有多维减贫效应。从异质性角度看，回流创业减贫效应存在明显的区域差异性，减贫效应随着中、东、西部地区逐渐增加，且仅对东西部地区农户多维相对贫困具有显著影响；代际异质性分析表明，不同年龄段的回流创业均缓解农户多维相对贫困，但仅为壮年农户回流创业对农户多维绝对贫困缓解具有显著影响。中介机制结果显示，回流创业显著提升农户数字素养水平，回流创业通过数字素养的中介效应间接缓解农户多维相对贫困。

第六，具有回流意愿的农村转移劳动力数量在性别上无明显差异，在年龄上分布比较均匀，在婚姻状况、受教育程度和流动范围方面主要以已婚、初中及以下学历、跨省流动为主，在家庭平均月收入方面主要集中在 6000 元以下的中低收入区间。在回流属性方面，我国具有回流意愿的农村转移劳动力以被动回流为主，主要原因是需要抚养小孩和照顾老人，次要原因是就业形势不好和年龄太大。在区域分布方面，我国具有回流意愿的农村转移劳动力主要集中在东部地区，西部地区次之，中部地区数量最少。具有回流创业意愿的农村转移劳动力主要以 15~30 岁、初中及以下学历、跨省流动的已婚男性为主，在家庭月收入方面则主要集中在 6000 元以下的中低收入区间。在区域分布方面，总体上东部地区的数量高于西部地区，中部地区的数量最少。但从各区域内部平均每个省市的数量来看，西部地区略高于东部，中部地区的数量最少。

第七，通过二元 Probit 模型实证检验我国农村转移劳动力回流创业的影响因素，发现在人力资本方面，男性、受教育程度越高、健康状况越好的农村转移劳动力，其回流创业意愿越高。年龄对农村转移劳动力回流创业意愿的影响呈现倒 U 型关系，随着年龄的增加，其回流创业意愿会先增加后减少。在家庭禀赋方面，农村转移劳动力的家庭经济能力越好、家庭规模越小，其回流创业意愿越高，家庭是否拥有宅基地或耕地对农村转移劳动力回流创业意愿没有影响。在社会融合方面，农村转移劳动力的社会参与水平越高、社会经验越丰富、社会网络越复杂、社会监督意识越高，其回流创业意愿越高。

第八，通过分析不同家庭生命周期下的农村转移劳动力回流创业意愿影响因素的异质性，发现在人力资本方面，随着年龄的增加，对处在Ⅰ类和Ⅳ类家庭的农村转移劳动力的回流创业意愿有正向促进作用，但对处在Ⅱ类和Ⅲ类家庭的农村转移劳动力回流创业意愿有负向影响。在家庭禀赋方面，随着家庭规模的扩大，增加了处在Ⅰ类、Ⅱ类、Ⅳ类家庭的农村转移劳动力回流创业意愿，却降低了处在Ⅲ类家庭的农村转移劳动力回流创业意愿。在社会融合方面，随着社会参与水平的增加，对处在Ⅰ类、Ⅱ类、Ⅲ类家庭的农村转移劳动力回流创业意愿没有影响，却对处在Ⅳ类家庭的农村转移劳动力回流创业意愿有正向促进作用。

第九，通过分析不同区域间的农村转移劳动力回流创业意愿影响因素的异质性，发现在人力资本方面，年龄对东部地区的农村转移劳动力回流创业意愿没有影响，但对中西部地区的农村转移劳动力回流创业意愿的影响呈现出先增加后减少的倒 U 型关系。在家庭禀赋方面，家庭规模对东部地区的农村转移劳动力回流创业意愿没有影响，但却降低了中西部地区的农村转移劳动力回流创业意愿。在社会融合方面，社会参与水平的提高能增加东部地区的农村转移劳动力回流创业意愿，但对中西部地区的农村转移劳动力回流创业意愿没有影响。

第二节　政策启示

为找到影响我国农村转移劳动力回流创业意愿的因素，并据此提出引导农村转移劳动力回流从事创业活动的对策建议，以期能充分发挥农村转移劳动力回流创业在农村经济发展中的支撑作用，实现社会财富的高效利用和社会阶层的有序流动。提出以下政策建议。

一、关于优化农村转移劳动力家庭化迁移的对策建议

一是制定政策需考虑从个人迁移转变为家庭化迁移模式的劳动力流动新

常态。需将农村转移劳动力家庭纳入保障性住房覆盖范围，并扩大保障性住房对农村转移劳动力家庭的供给比例，解决其城市居住问题。保障农村转移劳动力家庭的相关权利，承认其乡—城双重居住身份，灵活地制定相关政策，合理引导农村转移劳动力市民化。

二是加大基本服务均等化力度，解决随迁家庭的后顾之忧。由于我国特殊的户籍制度，农村转移劳动力家庭在迁居城市获得教育、卫生、就业服务等基本公共服务相对不足，这极大阻碍了农村转移劳动力家庭在城市的聚集。需打破户籍壁垒，使教育、卫生、就业服务等基本公共服务覆盖到农村转移劳动力家庭和户籍人口家庭，使农村转移劳动力家庭享受到充足的基本公共服务。合理规划城市布局和建设，完善基本公共服务功能配套，满足农村转移劳动力家庭多元化的城市生活需求。

三是加大技能培训力度，提升农村转移劳动力家庭化迁移能力。以追求家庭经济收益为目标构成了农村转移劳动力家庭迁移的根本动力。应加强农村转移劳动力家庭成员的职业技能培训，提升农村转移劳动力家庭成员的职业技能水平和就业竞争力，为农村转移劳动力家庭成员再就业和技能创业提供支撑。扩大工业园区从业人口规模，让工业园区产业集群发展，实现以规模效应来实现集聚效应，增强企业吸纳农村转移劳动力集聚的能力。让农村转移劳动力家庭在城市富起来、融得进、留得下，实现其由暂时性迁移转向永久性迁移，提升我国新型城镇化质量。

二、关于提升农村转移劳动力城市居留意愿的对策建议

一是鼓励农村转移劳动力自主创业，提升城市落户能力。首先，在"大众创业、万众创新"背景下，不断提高农村转移劳动力自主创业意识，鼓励更多有条件的农村转移劳动力自主创业。其次，加大扶持农村转移劳动力创业力度，为创业人员提供资金补贴，解决农村转移劳动力创业资金短缺问题，为农村转移劳动力提供更多创业机会和岗位，让更多的农村转移劳动力在城市落户。最后，加大对农村转移劳动力职业培训力度，提升农村转移劳

动力人力资本，尤其是对从事劳力型职业的农村转移劳动力而言，通过职业培训提高其技能水平，提升其在城市落户能力。

二是加大农村教育扶持力度，提升农村转移劳动力人力资本水平。首先，强化农村人口对教育的认识，破除"读书无用论"，树立正确的农村受教育观。其次，加大对中西部教育资源稀缺地区资金投入力度。近年来，虽然这些地区基础教育得到较快发展，但是办学条件落后、教师年龄老化、素质教育落后等都是急需解决的问题。应加大资金投入力度，改善办学条件。最后，大力发展农村职业教育，提高教育质量和教育多样化。职业教育是对我国学历教育的一个重要补充，与在学历教育偏重于理论不同，职业教育更注重实际应用技能的获取。做好乡村职业教育，切实了解农村人口的技能需求，根据这些需求有针对性开展培训农民农业生产、生活过程中切实需要的技能，有助于农村人口在学到技能之后，提升人力资本水平，流动到城市具有一技之长，有助于农村人口在城市获得可观收入。

三是提高城市住房保障力度，鼓励农村转移劳动力自主购房。首先，当前针对本地户籍居民的住房"租购"措施可逐步运用到城市中符合条件的农村转移劳动力之中，对于城市相对贫困家庭来说，租售并举是目前强化住房保障的重要举措，为符合条件的居民提供廉租房、公租房和经济适用房，并配套相应的购房优惠政策，保障农村转移劳动力在城市获得平等住房权益。其次，虽然一些城市已经推出住房保障政策，但政策更多的是为了吸引和留住高层次人才，而广大的普通农村转移劳动力很难从中受益，他们当中的多数人仍被排除在住房优惠政策之外，被迫进入边缘郊区社区。应将城镇住房福利拓展到更多流动人口，改善城市郊区的基础设施和住房条件并提供配套的公共服务。

三、提升农村劳动力非农就业选择的对策建议

一是加大政府非农就业培训的宣传力度，大力开展政府非农就业技术培训。通过提升非农就业培训的强度，让有意愿从事非农就业的农村劳动更充

分地获得所需要的技能，弥补政策落实不到位的缺陷。同时针对农民举办非农就业体验活动，促进农村人民对非农就业的了解，在农村掀起"非农就业"的话题热潮，让更多的农村劳动力愿意了解非农就业，加入非农就业的队伍里来。也激发了更多年轻的农村劳动力外出务工获得丰富非农工作经验的可能。

二是鼓励农村中小型企业发展，对扶持农民非农就业的企业实施优惠政策。政府可以以政府购买、承包等形式吸引企业在农村发展，以雇佣一定占比的农村劳动力为条件实施优惠政策，增加农村获得非农就业的机会，让农村劳动力获得更多的工作经验，加快农村非农就业转移。

三是对外出务工后带回技术、促进家乡非农技术发展的劳动人员提供不同程度的政策扶持。促进农村劳动力转移的同时，也需要巩固农村的拉力作用，不能让人才流失，对已经返乡且愿意长期留在家乡带动农村非农发展的技术人员、有丰富从业经验的管理人员，根据技术等级、职业技术证书、国家技术证书、从业年限等划分不同等级，对不同等级的返乡劳动力提供不同的住房优惠、经济补贴、创业补贴等人才政策。

四、提升互联网对农村转移劳动力回流创业选择影响的对策建议

一是要加快完善网络基础设施建设，特别是西部等经济较为落后地区网络基础设施建设提高互联网普及率，实现"村村通"和"户户通"，加快宽带提速降费，提高农村地区互联网普及率，提高农村转移劳动力互联网使用率，依靠"互联网＋"和"双创"推动农村地区创业。

二是积极推进移动通信、线上社交、网络学习和搜索引擎等网络信息平台建设，为农村转移劳动力通过互联网社交学习搭建良好平台；加强对互联网移动平台安全监管，提高互联网应用平台质量，为农村转移劳动力营造一个健康的网络环境。

三是加强政府与正规金融机构的协同合作，利用互联网搭建正规金融机构与农村转移劳动力的金融信息交流平台，及时传递信息，提供线上咨询服

务，提高农村转移劳动力向正规金融机构借贷偏好。同时本书也存在不足之处，首先，由于文章篇幅限制，除了基准回归以外并未对创业类型进行分析，未来的研究将进一步分析互联网使用对创业类型的具体影响。其次，在控制变量选取方面，由于受数据限制可能在控制变量选取方面存在不足。

五、提升回流创业多维相对贫困减贫效应的对策建议

一是研究结论表明回流创业对缓解农户多维相对贫困起着正向影响。这有助于启发政府要进一步关注和引导农村地区的回流创业行为，大力鼓励农户回流创业，政府通过普惠金融创业贷款政策，降低农村地区创业门槛，着力引导返乡创办高质量、高层次企业，盘活农村经济系统活力，从源头上为农村地区减贫注入新动能。

二是政府综合考虑当地经济及创业市场环境，完善创业支持政策吸引农户回流创业，同时也不能忽视回流创业农户代际与区域的异质性特征，以免其步入回流创业群体规模扩大但收入无法增加的恶性循环中进而增加农户陷入贫困"陷阱"可能性。

三是政府定期举办手机或互联网等数字化工具使用、创业技能培训活动，开发与农户需求相匹配数字化工具，丰富农户信息获取渠道。研究结果表明，提升农户数字素养水平是实现乡村振兴和数字乡村的必由之路，回流创业通过提高农户数字素养对其多维相对贫困产生积极影响。事实上，这条渠道的作用可以理解为乡村地区数字化水平提高会弥合城乡"信息鸿沟"，有助于加速市场交易信息及资源在城乡之间自由流动，从而促进自主创业。为此，政府部门应着力完善提升贫困群体数字能力建设配套政策，例如，完善农村网络基础设施，畅通城乡市场信息交易活动，降低农民自主创业活动的信息获取成本，减轻农村地区居民的数字排斥程度，从而实现农村地区持续性减贫。

六、加强农村转移劳动力回流从事创业活动的对策建议

一是发挥人力资本优势推动农村转移劳动力创业。

①对于回流创业的农村转移劳动力，除了需要主动学习和掌握专业技能外，还应反思和借鉴其他创业者的成功经验。此外，回流农村劳动力在城市务工期间积累的工作技能和管理经验是其重要的人力资本，发挥和利用好这部分人力资本优势，有利于农村转移劳动力更加精准地把握回流创业方向和选择回流创业项目。

②针对大多数具有回流创业意愿的农村转移劳动力的受教育程度较低问题，政府相关部门应定期组织开展创业培训活动，强化其专业技能和创新意识，提升回流创业者对企业风险规避、市场经营管理以及产品市场营销等方面的能力，帮助其明确创业方向和路径。

③针对回流创业者在实践中缺乏创业技能和创业经验的难题，政府相关部门应通过组织专家、学者进行创业指导，在创业项目辨别和创业风险规避等方面开展培训，能够有效提高其回流创业的成功率，解决农村转移劳动力回流创业过程中面临的实际困难和技术问题。

二是发挥经济资本优势激发农村转移劳动力回流创业。提升经济资本能显著增加农村转移劳动力的回流创业意愿，为了获得回流创业所必需的经济资本，一方面，农村劳动力可以利用其在城市务工期间所积累的存款和可支配的流动资金，或者寻求亲戚和朋友的帮助，获得私人贷款资金。另一方面，农村转移劳动力可以主动学习政府对于回流创业的信贷扶持政策，完善自身手续以达到向商业金融机构申请信贷支持的规范性要求。从资金供给方的角度来看，政府相关部门应增加针对中小微企业的服务窗口，把金融的市场调节和政府的政策扶持有机地结合，提升政策性金融工具对农村转移劳动力回流创业的保障水平，拓展政策性银行的支农金融业务范围。现阶段针对部分国有金融机构在审核支农贷款时存在一定的歧视性，在政策上对规模较小的回流创业企业重视程度不够的问题，今后应加强对贷款审核合规性的监管，以较低的成本为农村转移回流创业者提供适当、有效的金融服务，进一步扩大农村普惠金融的服务范围。

三是运用社会资本促进农村转移劳动力回流创业。

①农村转移劳动力外出务工期间所建立的人际关系网络对其回流创业有

正向促进作用，参加过同学会、老乡会、家乡商会的农村转移劳动力回流创业意愿会显著提升。因此，农村转移劳动力应充分寻求与家乡人员的合作，通过与合伙人共同创业，不但可以根据创业项目所需，整合多方面有效资源，获取更多的有助于回流创业的市场信息，更重要的是可以规避部分创业风险，积聚力量实现初创企业的快速发展。

②农村转移劳动力还需凭借自身丰富的社会经验，尽快确立回流创业企业在产品、服务等方面的核心竞争力，从最擅长、最专业的方面整合自身的优势和技能，聚焦在最专业的领域，而将不擅长的部分交给专业的人或机构去做。

③农村转移劳动力应积极参与社会公益活动，面对城市和乡村存在的社会性问题，积极在回流创业过程中探索新的解决模式，通过政府的帮扶以及相应的政策支持，有效盘活农村闲置资源，在缩短城乡差距的同时，也可以助力乡村振兴建设。

四是发挥政策优势破解农村转移劳动力回流创业存在的难题。

①破除农村转移劳动力回流创业的融资难题，金融机构需加大对创新性信贷产品的推广力度，同时监管部门也需要遵循审慎监管的原则强化对贷款条件、担保机制和风险管理等方面的控制，严格审核并评定回流创业企业的信用等级，确定回流创业企业的信贷额度。

②积极推进农村金融体制机制变革，化解农村金融供需矛盾，引导多方主体共同参与回流创业企业的金融服务工作，建立农村普惠金融发展格局。

③优化回流创业政务服务环境，建立农村转移劳动力回流创业基地，出台减轻创业负担的扶持政策，在税费上予以优惠，并对资金紧张的回流创业企业给予分期付款购买或提供租赁服务。

④建立项目资源库，加强项目开发和宣传工作，积极开发投资前景好、有发展潜力、投资风险小等适合回流农村转移劳动力创业的项目，同时政府应建立回流创业者管理服务中心，简化审批流程，为回流创业者办理业务创造便利。

五是营造良好的农村转移劳动力回流创业人文环境。

　　①加大政策宣传力度，通过举办投资座谈会、项目介绍会等各种形式的会议来宣传政府的优惠政策，鼓励和吸引有经济资本、专业技术和管理经验的农村转移劳动力回流创业。

　　②提升群众对回流创业的认知程度，在广大农村和中小城镇地区广泛宣传回流创业者的典型事迹，营造良好的农村转移劳动力回流创业氛围。同时各级政府部门要鼓励和支持农村转移劳动力回流创业事业，把其作为现阶段我国乡村振兴战略中重要的一环来抓。

　　③加强新时代农村优秀文化建设，营造一种尊重知识、尊重人才的社会价值观体系，吸引更多的优秀人才回流，同时提高回流人才的福利待遇和社会地位，让他们扎根于农村，成为新时代农村建设的主力军。

参考文献

［1］阳俊雄. 农村转移劳动力素质及相关影响分析［J］. 市场与人口分析，1998（04）：51 - 54.

［2］吴瑞君，薛琪薪. 中国人口迁移变化背景下农民工回流返乡就业研究［J］. 学术界，2020（05）：135 - 144.

［3］谢勇，周润希. 农民工的返乡行为及其就业分化研究［J］. 农业经济问题，2017，38（02）：92 - 101，3.

［4］贺小丹，董敏凯，周亚虹. 乡村振兴背景下农民工回流与农村资源配置——基于农民工返乡后行为的微观分析［J］. 财经研究，2021，47（02）：19 - 33.

［5］聂飞. 农民工返乡困境的制度分析——基于河南 H 村的调查［J］. 湖北社会科学，2018（03）：46 - 56.

［6］杨伊宁. 返乡青年的认知重构与价值重塑——基于"慢城"生活方式的研究视角［J］. 中国青年研究，2020（12）：65 - 70，99.

［7］胡佩. 大学生"回流"农村的现实困境［J］. 人民论坛，2020（11）：96 - 97.

［8］刘铮. 劳动力无限供给的现实悖论——"农民工回流"的成因及效应分析［J］. 清华大学学报（哲学社会科学版），2006（03）：125 - 129.

［9］张世勇，王山珊. 金融危机影响下的农民工回流：特征、机制和趋

势 [J]. 文化纵横, 2019 (03): 104 – 113, 143.

[10] 刘传江, 黄国华. 农民工返乡创业的理论视角、现实机遇与发展挑战 [J]. 经济界, 2016 (06): 83 – 87.

[11] 张广辉, 陈鑫泓. 乡村振兴视角下城乡要素流动困境与突破 [J]. 经济体制改革, 2020 (03): 195 – 200.

[12] 李敏, 阎晓博, 黄晓慧. 人力资本对农民工返乡行为的影响——基于代际差异视角的分析 [J]. 华中农业大学学报 (社会科学版), 2021 (01): 90 – 98, 178.

[13] 甘宇. 农民工家庭的返乡定居意愿——来自 574 个家庭的经验证据 [J]. 人口与经济, 2015 (03): 68 – 76.

[14] 张丽琼, 朱宇, 林李月. 家庭因素对农民工回流意愿的影响 [J]. 人口与社会, 2016, 32 (03): 58 – 66.

[15] 侯婉薇. 社会资本与农民工返乡意愿——基于 2017 年北京市农民工调查数据的分析 [J]. 人民论坛·学术前沿, 2020 (03): 50 – 61.

[16] 叶静怡, 周晔馨. 社会资本转换与农民工收入——来自北京农民工调查的证据 [J]. 管理世界, 2010 (10): 34 – 46.

[17] 尹虹潘, 刘渝琳. 城市化进程中农村劳动力的留守、进城与回流 [J]. 中国人口科学, 2016 (04): 26 – 36, 126.

[18] 殷江滨, 李郇. 农村劳动力回流的影响因素分析——以广东省云浮市为例 [J]. 热带地理, 2012, 32 (02): 128 – 133, 140.

[19] 方黎明, 王亚柯. 农村劳动力从非农部门回流到农业部门的影响因素分析 [J]. 人口与经济, 2013 (06): 56 – 62.

[20] 张秀娥, 张峥, 刘洋. 返乡农民工创业动机及激励因素分析 [J]. 经济纵横, 2010 (06): 50 – 53.

[21] 江立华, 陈文超. 返乡农民工创业的实践与追求——基于六省经验资料的分析 [J]. 社会科学研究, 2011 (03): 91 – 97.

[22] 李彦娅, 谢庆华. 农民工返乡创业的动力机制研究——基于三次返乡创业高潮的调查 [J]. 重庆社会科学, 2019 (07): 99 – 110.

［23］史苏. 新生代农民工返乡创业的价值依归［J］. 人民论坛, 2020 (14)：82 - 83.

［24］夏柱智. 嵌入乡村社会的农民工返乡创业——对 H 镇 38 例返乡创业者的深描［J］. 中国青年研究, 2017 (06)：5 - 11.

［25］毛一敬. 乡村振兴背景下青年返乡创业的基础、类型与功能［J］. 农林经济管理学报, 2021, 20 (01)：122 - 130.

［26］刘美玉. 创业动机、创业资源与创业模式：基于新生代农民工创业的实证研究［J］. 宏观经济研究, 2013 (05)：62 - 70.

［27］窦德强, 薛磊, 欧阳明慧. 农民工返乡创业的动因、困境与应对之策——基于精准扶贫视角［J］. 产业与科技论坛, 2020, 19 (17)：71 - 72.

［28］周建锋. 基于绩效评价的农民工返乡创业行为研究［J］. 商业研究, 2014 (03)：80 - 85.

［29］谢勇, 杨倩. 外出务工经历、创业行为与创业绩效［J］. 经济评论, 2020 (01)：146 - 160.

［30］刘志阳, 李斌. 乡村振兴视野下的农民工返乡创业模式研究［J］. 福建论坛 (人文社会科学版), 2017 (12)：17 - 23.

［31］何晓斌, 柳建坤, 王轶. 电子商务对返乡创业绩效的影响及影响机制研究［J］. 研究与发展管理, 2021 (02)：1 - 18.

［32］芮正云, 方聪龙. 新生代农民工创业韧性的影响机理研究——基于创业资本维度的作用差异视角［J］. 社会科学, 2017 (05)：54 - 60.

［33］王轶, 丁莉, 刘娜. 创业者人力资本与返乡创业企业经营绩效——基于 2139 家返乡创业企业调查数据的研究［J］. 经济经纬, 2020, 37 (06)：28 - 38.

［34］戚迪明, 刘玉侠. 人力资本、政策获取与返乡农民工创业绩效——基于浙江的调查［J］. 浙江学刊, 2018 (02)：169 - 174.

［35］甘宇, 邱黎源, 胡小平. 返乡农民工人力资本积累与创业收入的实证分析——来自三峡库区的证据［J］. 西南民族大学学报 (人文社科版), 2019, 40 (03)：107 - 113.

［36］石丹淅，王轶．乡村振兴视域下农民工返乡创业质量影响因素及
其政策促进［J］．求是学刊，2021，48（01）：90－101.

［37］邹芳芳，黄洁．返乡农民工创业者的创业资源对创业绩效的影响
［J］．农业技术经济，2014（04）：80－88.

［38］马红玉，王转弟．社会资本、心理资本对农民工创业绩效影响研
究——基于陕西省889份农户调研数据［J］．农林经济管理学报，2018，17
（06）：738－745.

［39］朱红根，康兰媛．农民工创业动机及对创业绩效影响的实证分析——
基于江西省15个县市的438个返乡创业农民工样本［J］．南京农业大学学报
（社会科学版），2013，13（05）：59－66.

［40］陈梦妍，刘静，马红玉，张永红．新生代农民工心理资本、创业
机会识别对创业绩效的影响研究［J］．四川文理学院学报，2019，29（02）：
103－110.

［41］闫芃燕，魏凤．西部返乡农民工创业模式及影响因素分析［J］．
广东农业科学，2012，39（07）：196－198.

［42］吕惠明．返乡农民工创业模式选择研究——基于浙江省的实地调
查［J］．农业技术经济，2016（10）：12－19.

［43］刘志阳，李斌．乡村振兴视野下的农民工返乡创业模式研究［J］．
福建论坛（人文社会科学版），2017（12）：17－23.

［44］王轶．"互联网＋"与返乡创业企业发展［J］．中国高校社会科
学，2020（05）：41－49，157.

［45］佟光霁，邢策．政府支持农民工返乡创业的多元化投资模式研
究——基于演化博弈的分析［J］．西部论坛，2020，30（02）：57－65.

［46］汪昕宇，吴克强，赵鑫，陈雄鹰．返乡农民工从机会型创业意愿
到创业行为的转化机制——基于创业情境的叙事研究［J］．北京联合大学学
报（人文社会科学版），2020，18（02）：96－106.

［47］张立新，林令臻，孙凯丽．农民工返乡创业意愿影响因素研究
［J］．华南农业大学学报（社会科学版），2016，15（05）：65－77.

［48］张若瑾. 创业补贴、小额创业贷款政策对回流农民工创业意愿激励实效比较研究——一个双边界询价的实证分析［J］. 农业技术经济，2018（02）：88－103.

［49］张立新，段慧昱，戚晓妮. 创业环境对返乡农民工创业意愿的影响［J］. 农业经济与管理，2019（01）：72－83.

［50］冉建宇，童洪志. 乡村振兴战略下创业环境认知对外出农民工返乡创业意愿的影响——掌握目标与创业榜样的调节效应［J］. 四川轻化工大学学报（社会科学版），2021，36（01）：21－33.

［51］朱红根. 外部环境与农民工返乡创业意愿关系的实证分析——基于江西省1145个农民工样本调查数据［J］. 经济问题探索，2011（06）：59－64.

［52］苗薇薇，段慧昱，李婧欣，张立新. 返乡农民工风险防范能力对创业意愿的影响——基于山东省临沂市393份个案数据的实证分析［J］. 农业经济与管理，2020（02）：86－96.

［53］周宇飞. 新时代乡村文化与农民工返乡创业意愿［J］. 求索，2017（12）：122－130.

［54］樊烨，龙粤泉，李昱霖. 我国产业转移的现状、问题及建议［J］. 中国发展观察，2020（Z2）：89－92.

［55］Heberle R. The Causes of Rural-Urban Migration a Survey of German Theories［J］. American Journal of Sociology，1938，43（06）：932－950.

［56］Bogue B. D. J. ，The Population of the United States［M］. The Population of the United States，1959.

［57］Lewis W. A. ，Economic Development with Unlimited Supplies of Labor［J］. Manchester School，1954（22）：139－191.

［58］Fei J. C. H. ，Ranis G. ，Unlimited Supply of Laboiar and Concept of Balanced Growth［J］，Pakistan Development Review，1961，1（03）：29－58.

［59］Todaro M. P. A Model of Labor Migration and Urban Unemployment in Less Developed Countries［J］. American Economic Review，1969，59（01）：138－148.

［60］Stark O.，Bloom D. E.，The New Economics of Migration［J］. American Economic Review，1985，75（2）：173－178.

［61］Harpham T.，Grant E.，Thomas E.，Measuring Social Capital within Health Surveys：Key Issue［J］. Health Policy and Planning，2002，17（1）：106－111.

［62］林善浪，叶炜，梁琳. 家庭生命周期对农户农地流转意愿的影响研究——基于福建省1570份调查问卷的实证分析［J］. 中国土地科学，2018，32（03）：68－73.

［63］林玉妹，林善浪，王健. 家庭生命周期、土地流转与农业结构调整［J］. 福建师范大学学报（哲学社会科学版），2010（02）：27－34.

［64］周春山，赖舒琳，袁宇君. 珠三角流动人口家庭化迁移特征及影响因素研究——基于家庭生命周期视角［J］. 人文地理，2020，35（03）：29－36，75.

［65］Harris J. R.，Todaro M. P.，Migration，unemployment and development：A two-sector analysis［J］. The American economic review，1970，60（1）：126－142.

［66］杨菊华，陈传波. 流动人口家庭化的现状与特点：流动过程特征分析［J］. 人口与发展，2013，19（03）：2－13，71.

［67］王文刚，孙桂平，张文忠，王利敏. 京津冀地区流动人口家庭化迁移的特征与影响机理［J］. 中国人口·资源与环境，2017，27（01）：137－145.

［68］林赛南，梁奇，李志刚，庞瑞秋. "家庭式迁移" 对中小城市流动人口定居意愿的影响——以温州为例［J］. 地理研究，2019，38（07）：1640－1650.

［69］侯佳伟. 人口流动家庭化过程和个体影响因素研究［J］. 人口研究，2009，33（01）：55－61.

［70］张保仓，曾一军. 流动人口家庭化迁移模式的影响因素——基于河南省流动人口监测数据［J］. 调研世界，2020（12）：31－37.

［71］盛亦男. 流动人口家庭化迁居水平与迁居行为决策的影响因素研

究 [J]. 人口学刊, 2014, 36 (03): 71 - 84.

[72] 盛亦男. 中国流动人口家庭化迁居 [J]. 人口研究, 2013, 37 (04): 66 - 79.

[73] 黄敦平. 农村劳动力流动微观决策分析 [J]. 人口学刊, 2016, 38 (05): 54 - 59.

[74] 崇维祥, 杨书胜. 流动人口家庭化迁移影响因素分析 [J]. 西北农林科技大学学报 (社会科学版), 2015, 15 (05): 105 - 113.

[75] 李梓颖, 边艳. 我国流动人口住房租购选择及其影响因素——基于 2017 年 CMDS 的实证分析 [J]. 工程管理学报, 2020, 34 (05): 148 - 153.

[76] 刘玉, 张雪, 石敏俊. 基于流动人口特征的首都人口疏解与管控 [J]. 区域经济评论, 2020 (02): 103 - 111.

[77] 李龙, 翟振武. 农地流转如何影响家庭化流动——理论探析与来自三类地区的经验证据 [J]. 南方人口, 2018, 33 (01): 1 - 9.

[78] 杨中燕, 朱宇, 林李月, 谭苏华. 核心家庭人口流动模式及其影响因素 [J]. 西北人口, 2015, 36 (03): 18 - 22.

[79] 汪为, 吴海涛. 家庭生命周期视角下农村劳动力非农转移的影响因素分析——基于湖北省的调查数据 [J]. 中国农村观察, 2017 (06): 57 - 70.

[80] Fischer H., Burton R. J. F. Understanding farm succession as socially constructed endogenous cycles [J]. Sociologia Ruralis, 2014, 54 (4): 417 - 438.

[81] 孙林, 田明. 流动人口核心家庭的迁移模式分析——基于家庭生命周期的视角 [J]. 人文地理, 2020, 35 (05): 18 - 24, 140.

[82] 张红丽, 王芳芳. 家庭生命周期视角下河南农村回流劳动力非农转移影响因素分析 [J]. 世界农业, 2020 (01): 64 - 71.

[83] 孙正娟. 专业家庭社会工作: 未来家庭的需求 [J]. 湖北社会科学, 2003 (04): 43 - 45.

[84] 莫玮俏, 史晋川. 农村人口流动对离婚率的影响 [J]. 中国人口科学, 2015 (05): 104 - 112, 128.

[85] 李卫东. 流动模式与农民工婚姻稳定性研究: 基于性别和世代的

视角 [J]. 社会, 2019, 39 (06): 23 - 61.

[86] 刘庆. "老漂族"的城市社会适应问题研究——社会工作介入的策略 [J]. 西北人口, 2012, 33 (04): 23 - 26, 31.

[87] 李树苗, 王维博, 悦中山. 自雇与受雇农民工城市居留意愿差异研究 [J]. 人口与经济, 2014 (02): 12 - 21.

[88] 杨东亮. 东北流出流入人口的城市居留意愿比较研究 [J]. 人口学刊, 2016, 38 (05): 34 - 44.

[89] 于潇, 陈新造. 经济收入与社会地位对流动人口城市居留意愿的影响——基于广东省的实证研究 [J]. 广东社会科学, 2017 (03): 181 - 190.

[90] 梁土坤. 流动人口定居意愿影响因素分析 [J]. 人口与社会, 2016, 32 (02): 63 - 74.

[91] 盛亦男. 流动人口居留意愿的影响效应及政策评价 [J]. 城市规划, 2016, 40 (09): 67 - 74.

[92] 扈新强. 新、老两代流动人口居留意愿差异研究——以北京、上海、广州为例 [J]. 调研世界, 2017 (07): 28 - 32.

[93] 熊波, 石人炳. 农民工定居城市意愿影响因素——基于武汉市的实证分析 [J]. 南方人口, 2007 (02): 52 - 57.

[94] 罗恩立. 就业能力对农民工城市居留意愿的影响——以上海市为例 [J]. 城市问题, 2012 (07): 96 - 102.

[95] 李国正, 艾小青, 邬嘉迪. 新常态下中国流动人口的居留意愿与家庭消费水平研究 [J]. 管理世界, 2017 (12): 174 - 175.

[96] 叶鹏飞. 农民工的城市定居意愿研究基于七省（区）调查数据的实证分析 [J]. 社会, 2011, 31 (02): 153 - 169.

[97] 盛亦男. 流动人口居留意愿的梯度变动与影响机制 [J]. 中国人口·资源与环境, 2017, 27 (01): 128 - 136.

[98] 古恒宇, 肖凡, 沈体雁, 刘子亮. 中国城市流动人口居留意愿的地区差异与影响因素——基于2015年流动人口动态监测数据 [J]. 经济地理, 2018, 38 (11): 22 - 29.

[99] 齐嘉楠. 空间、规模与结构：城镇化背景下农业流动人口居留意愿变动研究 [J]. 人口与社会, 2018, 34 (05)：29 - 39.

[100] 王春兰, 丁金宏. 流动人口城市居留意愿的影响因素分析 [J]. 南方人口, 2007 (01)：22 - 29.

[101] 林李月, 朱宇, 柯文前. 居住选择对流动人口城市居留意愿的影响——基于一项对福建省流动人口的调查 [J]. 地理科学, 2019, 39 (09)：1464 - 1472.

[102] 杨东亮, 王晓璐. "90 后" 流动青年城市居留意愿研究 [J]. 青年研究, 2016 (03)：39 - 48, 95.

[103] "农民流动与乡村发展" 课题组. 农民工回流与乡村发展——对山东省桓台县 10 村 737 名回乡农民工的调查 [J]. 中国农村经济, 1999 (10)：63 - 67.

[104] 杨忍, 徐茜, 张琳, 陈燕纯. 珠三角外围地区农村回流劳动力的就业选择及影响因素 [J]. 地理研究, 2018, 37 (11)：2305 - 2317.

[105] 程名望, 潘烜. 个人特征、家庭特征对农村非农就业影响的实证 [J]. 中国人口·资源与环境, 2012, 22 (02)：94 - 99.

[106] 悦中山, 李树茁, 费尔德曼, 杜海峰. 徘徊在 "三岔路口" 两代农民工发展意愿的比较研究 [J]. 人口与经济, 2009 (06)：58 - 66.

[107] 殷江滨, 李郇. 外出务工经历对回流后劳动力非农就业的影响——基于广东省云浮市的实证研究 [J]. 中国人口·资源与环境, 2012, 22 (09)：108 - 115.

[108] 袁超, 张东. 流动赋权：外出务工经历与农村女性劳动力就业质量 [J]. 经济经纬, 2021, 38 (01)：57 - 65.

[109] 马俊龙, 宁光杰. 互联网与中国农村劳动力非农就业 [J]. 财经科学, 2017 (07)：50 - 63.

[110] 胡枫, 史宇鹏. 农民工回流的选择性与非农就业：来自湖北的证据 [J]. 人口学刊, 2013, 35 (02)：71 - 80.

[111] 梁远, 张越杰, 毕文泰. 劳动力流动、农地流转对农户收入的影

响 [J]. 农业现代化研究, 2021, 42 (04): 664 - 674.

[112] 孙小宇, 郑逸芳, 许佳贤. 外出从业经历、农地流转行为与农村劳动力转移——基于 CHIP2013 数据的实证分析 [J]. 农业技术经济, 2021 (03): 20 - 35.

[113] 胡金华, 陈丽华, 应瑞瑶. 农村劳动力迁移的影响因素分析——基于社会网络的视角 [J]. 农业技术经济, 2010 (08): 73 - 79.

[114] 盛来运. 中国农村劳动力外出的影响因素分析 [J]. 调研世界, 2007 (09): 5 - 12.

[115] 姚静, 李小建. 欠发达农区外出务工规模及影响因素分析 [J]. 地理科学进展, 2008 (04): 89 - 95.

[116] 宁光杰. 自选择与农村剩余劳动力非农就业的地区收入差异——兼论刘易斯转折点是否到来 [J]. 经济研究, 2012, 47 (S2): 42 - 55.

[117] 刘林平, 王苗. 新生代农民工的特征及其形成机制——80 后农民工与 80 前农民工之比较 [J]. 中山大学学报 (社会科学版), 2013, 53 (05): 136 - 150.

[118] 吴瑞君, 薛琪薪. 中国人口迁移变化背景下农民工回流返乡就业研究 [J]. 学术界, 2020 (05): 135 - 144.

[119] 华昱. 互联网使用的收入增长效应: 理论机理与实证检验 [J]. 江海学刊, 2018 (03): 219 - 224.

[120] 杨学儒, 邹宝玲. 模仿还是创新: 互联网时代新生代农民工创业机会识别实证研究 [J]. 学术研究, 2018 (05): 77 - 83.

[121] 赵媛, 王远均, 薛小婕. 大众创业背景下的我国农民信息获取现状及改善对策 [J]. 四川大学学报 (哲学社会科学版), 2016 (02): 121 - 131.

[122] 董晓林, 于文平, 朱敏杰. 不同信息渠道下城乡家庭金融市场参与及资产选择行为研究 [J]. 财贸研究, 2017, 28 (04): 33 - 42.

[123] 马继迁, 陈虹, 王占国. 互联网使用对女性创业的影响——基于 CFPS 数据的实证分析 [J]. 华东经济管理, 2020, 34 (05): 96 - 104.

[124] 周鸿卫, 田璐. 农村金融机构信贷技术的选择与优化——基于信

息不对称与交易成本的视角 [J]. 农业经济问题，2019（05）：58 - 64.

[125] 张江洋，袁晓玲，张劲波. 基于电子商务平台的互联网金融模式研究 [J]. 上海经济研究，2015（05）：3 - 11，25.

[126] 罗明忠，陈江华. 农民合作社的生成逻辑——基于风险规避与技术扩散视角 [J]. 西北农林科技大学学报（社会科学版），2016，16（06）：43 - 49.

[127] 吴本健，胡历芳，马九杰. 社会网络、信息获取与农户自营工商业创办行为关系的实证分析 [J]. 经济经纬，2014，31（05）：32 - 37.

[128] 高静，贺昌政. 信息能力影响农户创业机会识别——基于 456 份调研问卷的分析 [J]. 软科学，2015，29（03）：140 - 144.

[129] 王建华，李俏. 农户经营改造背景的信息技术型人力资本模式 [J]. 改革，2012（10）：84 - 90.

[130] 何婧，田雅群，刘甜，李庆海. 互联网金融离农户有多远——欠发达地区农户互联网金融排斥及影响因素分析 [J]. 财贸经济，2017，38（11）：70 - 84.

[131] 刘宏，马文瀚. 互联网时代社会互动与家庭的资本市场参与行为 [J]. 国际金融研究，2017（03）：55 - 66.

[132] 苏岚岚，孔荣. 互联网使用促进农户创业增益了吗？——基于内生转换回归模型的实证分析 [J]. 中国农村经济，2020（02）：62 - 80.

[133] 马俊龙，宁光杰. 互联网与中国农村劳动力非农就业 [J]. 财经科学，2017（07）：50 - 63.

[134] 李飚. 互联网与创业——基于北京市青年创业数据的实证研究 [J]. 经济与管理研究，2018，39（05）：114 - 129.

[135] 张思阳，赵敏娟，应新安，牛方妍. 社会资本对农民工返乡创业意愿的影响效应分析——基于互联网嵌入视角 [J/OL]. 农业现代化研究，2020 - 10 - 29：1 - 10.

[136] 赵羚雅，向运华. 互联网使用、社会资本与非农就业 [J]. 软科学，2019，33（06）：49 - 53.

［137］周洋，华语音．互联网与农村家庭创业——基于 CFPS 数据的实证分析［J］．农业技术经济，2017（05）：111－119．

［138］张广胜，柳延恒．人力资本、社会资本对新生代农民工创业型就业的影响研究——基于辽宁省三类城市的考察［J］．农业技术经济，2014（06）：4－13．

［139］胡雅淇，林海．"互联网＋"赋能小农户对接大市场的作用机制及效果［J］．现代经济探讨，2020（12）：110－117．

［140］董玉峰，刘婷婷，路振家．农村互联网金融的现实需求、困境与建议［J］．新金融，2016（11）：32－36．

［141］许佳荧，张化尧．共性资源联盟与"互联网＋"创业——基于创业者视角的多案例分析［J］．科学学研究，2016，34（12）：1830－1837．

［142］张扬，陈卫平．农场主网络社会资本、资源获取与生态农场经营满意度［J］．西北农林科技大学学报（社会科学版），2019，19（06）：101－111．

［143］付晓燕．中国网民的"虚拟社会资本"建构——基于中国网民互联网采纳历程的实证研究［J］．中国地质大学学报（社会科学版），2013，13（06）：76－81，134．

［144］史恒通，睢党臣，吴海霞，赵敏娟．社会资本对农户参与流域生态治理行为的影响：以黑河流域为例［J］．中国农村经济，2018（01）：34－45．

［145］伍艳．农户生计资本对借贷行为选择的影响研究［J］．西南民族大学学报（人文社科版），2019，40（02）：125－131．

［146］高艳．我国农村非正规金融存在的理性思考［J］．安徽大学学报（哲学社会科学版），2007（01）：113－117，128．

［147］王元．信息处理、博弈参与和农村金融服务中介［J］．金融研究，2006（10）：162－169．

［148］杨明婉，张乐柱．互联网金融参与如何影响农户正规借贷行为？——基于 CHFS 数据实证研究［J］．云南财经大学学报，2021，37（02）：42－53．

［149］张三峰，王非，贾愚．信用评级对农户融资渠道选择意愿的影响——基于 10 省（区）农户信贷调查数据的分析［J］．中国农村经济，2013（07）：72 – 84.

［150］童馨乐，李扬，杨向阳．基于交易成本视角的农户借贷渠道偏好研究——以全国六省农户调查数据为例［J］．南京农业大学学报（社会科学版），2015，15（06）：78 – 87，138 – 139.

［151］彭继权．互联网对农户金融资产配置的影响——基于广义倾向得分匹配法的分析［J］．金融与经济，2021（04）：49 – 56.

［152］汪三贵，孙俊娜．全面建成小康社会后中国的相对贫困标准、测量与瞄准——基于 2018 年中国住户调查数据的分析［J］．中国农村经济，2021（03）：2 – 23.

［153］Sen, A., Commodities and Capabilities［M］. London：Oxford University Press，1999.

［154］罗必良．相对贫困治理：性质、策略与长效机制［J］．求索，2020（06）：18 – 27.

［155］周力，沈坤荣．相对贫困与主观幸福感［J］．农业经济问题，2021（11）：102 – 114.

［156］孙久文，夏添．中国扶贫战略与 2020 年后相对贫困线划定——基于理论、政策和数据的分析［J］．中国农村经济，2019（10）：98 – 113.

［157］汪三贵，刘明月．从绝对贫困到相对贫困：理论关系、战略转变与政策重点［J］．华南师范大学学报（社会科学版），2020（06）：18 – 29，189.

［158］王小林，冯贺霞．2020 年后中国多维相对贫困标准：国际经验与政策取向［J］．中国农村经济，2020（03）：2 – 21.

［159］陈锡文．实施乡村振兴战略，推进农业农村现代化［J］．中国农业大学学报（社会科学版），2018，35（01）：5 – 12.

［160］谢玲红．“十四五”时期农村劳动力就业：形势展望、结构预测和对策思路［J］．农业经济问题，2021（03）：28 – 39.

［161］姚树洁，张璇玥．中国农村持续性多维贫困特征及成因——基于

能力"剥夺—阻断"框架的实证分析 [J]. 中国人口科学, 2020 (04): 31 - 45, 126.

[162] 张成刚, 廖毅, 曾湘泉. 创业带动就业: 新建企业的就业效应分析 [J]. 中国人口科学, 2015 (01): 38 - 47, 126 - 127.

[163] 王轶, 熊文, 黄先开. 人力资本与劳动力返乡创业 [J]. 东岳论丛, 2020, 41 (03): 14 - 28, 191.

[164] 彭克强, 刘锡良. 农民增收、正规信贷可得性与非农创业 [J]. 管理世界, 2016 (07): 88 - 97.

[165] 樊振佳, 宋正刚, 刘鸿彬, 云佳, 范斯诺. 贫困地区返乡创业人员信息获取不平等表征及其根源分析 [J]. 情报科学, 2019, 37 (10): 81 - 86, 113.

[166] 贺雪峰. 农民工返乡创业的逻辑与风险 [J]. 求索, 2020 (02): 4 - 10.

[167] 平卫英, 宗潇泳. 民众创业对农村多维贫困的非线性动态影响——基于动态门限回归模型 [J]. 江西财经大学学报, 2021 (06): 75 - 87.

[168] Bruton G. D. , Ketchen Jr D. J. , Ireland R. D. , Entrepreneurship as a solution to poverty [J]. Journal of Business Venturing, 2013, 28 (6): 683 - 689.

[169] 郭熙保, 周强. 长期多维贫困、不平等与致贫因素 [J]. 经济研究, 2016, 51 (06): 143 - 156.

[170] 易法敏. 数字技能、生计抗逆力与农村可持续减贫 [J]. 华南农业大学学报 (社会科学版), 2021, 20 (03): 1 - 13.

[171] 黄惠春, 袁俊丽, 高仁杰, 杨军. 非正规借贷对创业活跃度的影响——基于社区层面的经验证据 [J]. 中央财经大学学报, 2021 (09): 21 - 31.

[172] 余东华, 李云汉. 数字经济时代的产业组织创新——以数字技术驱动的产业链群生态体系为例 [J]. 改革, 2021 (07): 24 - 43.

[173] Alkire S. , Foster J. Counting and multidimensional poverty measure-ment [J]. Journal of Public Economics, 2011, 95 (7 - 8): 476 - 487.

［174］谢家智，车四方．农村家庭多维贫困测度与分析［J］．统计研究，2017，34（09）：5．

［175］刘魏，王小华．地权稳定与农户多维相对贫困：缓解途径与作用机制［J］．山西财经大学学报，2020，42（12）：15－29．

［176］谢勇，杨倩．外出务工经历、创业行为与创业绩效［J］．经济评论，2020（01）：146－160．

［177］宇林军，孙大帅，张定祥，郑博，韩乐然，宇振荣．基于农户调研的中国农村居民点空心化程度研究［J］．地理科学，2016，36（07）：1043－1049．

［178］苏岚岚，彭艳玲．农民数字素养、乡村精英身份与乡村数字治理参与［J］．农业技术经济，2022（01）：34－50．

［179］刘斌．同群效应对创业及创业路径的影响——来自中国劳动力动态调查的经验证据［J］．中国经济问题，2020（03）：43－58．

［180］温忠麟，叶宝娟．中介效应分析：方法和模型发展［J］．心理科学进展，2014，22（05）：731－745．

［181］邓宏图，周凤．劳动力转移与农业劳动生产率变化——基于理论与实证统一框架下的分析［J］．东北师大学报（哲学社会科学版），2021（03）：73－93．

［182］罗斌．农业剩余劳动力和农村剩余劳动力的定义分析［J］．理论前沿，2002（07）：26－27．

［183］张景娜，史墨．农地经营权流转市场治理［J］．西北农林科技大学学报（社会科学版），2021，21（01）：97－104．

［184］文飞人．农村剩余劳动力转移的经济影响及对策［J］．现代农业科技，2011（19）：356－357．

［185］杨新．农村劳动力转移对农村经济发展的影响［J］．合作经济与科技，2008（22）：13－14．

［186］徐宏伟，唐铁山．湖北省农村剩余劳动力转移影响因素的实证分析［J］．湖北社会科学，2015（08）：61－67．

[187] 曾湘泉,陈力闻,杨玉梅. 城镇化、产业结构与农村劳动力转移吸纳效率 [J]. 中国人民大学学报, 2013, 27 (04): 36 - 46.

[188] 边作为,龚贤. 乡村振兴背景下地区农村剩余劳动力就业问题研究 [J]. 农业经济, 2021 (09): 92 - 93.

[189] 张杰飞. 农村劳动力转移对减贫的影响——基于区域异质性的视角 [J]. 社会科学家, 2019 (01): 53 - 61.

[190] 张苇锟,杨明婉. 土地转出规模与农村劳动力转移就业——基于粤赣乡村调研数据的实证分析 [J]. 调研世界, 2020 (08): 26 - 32.

[191] 陈宏伟,穆月英. 劳动力转移、技术选择与农户收入不平等 [J]. 财经科学, 2020 (08): 106 - 117.

[192] 张景娜,史墨. 农村劳动力转移程度影响因素研究——基于世代与性别差异的角度 [J]. 河北经贸大学学报, 2022, 43 (03): 69 - 76.

[193] 李谷成,李烨阳,周晓时. 农业机械化、劳动力转移与农民收入增长——孰因孰果? [J]. 中国农村经济, 2018 (11): 112 - 127.

[194] 刘晓光,苟琴. 劳动力转移、技术进步与资本回报率变动 [J]. 产业经济研究, 2017 (02): 76 - 87.

[195] 戴翔,刘梦,任志成. 劳动力演化如何影响中国工业发展:转移还是转型 [J]. 中国工业经济, 2016 (09): 24 - 40.

[196] 李周. 农民流动:70 年历史变迁与未来 30 年展望 [J]. 中国农村观察, 2019 (05): 2 - 16.

[197] 樊学瑞,高波,王辉龙. 劳动力成本上升促进了企业"走出去"吗 [J]. 现代经济探讨, 2018 (12): 40 - 46.

[198] 李辉尚,胡晨沛,季勇,李美琪. 农业劳动力转移、生产率提升与宏观经济增长——基于全球 55 个经济体的国际比较 [J]. 农业经济问题, 2021 (07): 117 - 129.

[199] 王国敏,罗浩轩. 中国农业劳动力从"内卷化"向"空心化"转换研究 [J]. 探索, 2012 (02): 93 - 98.

[200] 李北伟,毕菲. 劳动力数量、人力资本与经济增长动力机制研究

[J]．社会科学战线，2018（01）：246 – 250.

[201] 赖明勇，彭冲，王腊芳，肖皓．湖南省农业剩余劳动力转移再配置效应分析 [J]．农业技术经济，2011（01）：57 – 69.

[202] 汪三贵，王彩玲．交通基础设施的可获得性与贫困村劳动力迁移——来自贫困村农户的证据 [J]．劳动经济研究，2015，3（06）：22 – 37.

[203] 刘洪银．我国农村劳动力非农就业的农村收入分配效应 [J]．西北人口，2011，32（01）：6 – 10.

[204] 杨帆，夏海勇．我国农业部门劳动力投入的经济增长效应 [J]．人口与经济，2012（05）：8 – 13.

[205] 宋结合．农村劳动力转移对我国农村经济增长影响研究 [J]．商业经济研究，2015（13）：34 – 36.

[206] 邵帅．空气污染对城市外来劳动力居留意愿的影响研究 [J]．现代经济探讨，2021（02）：26 – 32.

[207] 魏万青．浅议农村剩余劳动力转移对农民增收的贡献 [J]．农家参谋，2021（18）：3 – 4.

[208] 周艺珮，兰勇．农村生产经营组织创新与劳动力就地转移研究 [J]．农业经济，2021（09）：77 – 79.

[209] 王秀芝，刘顺伯．江西省农村剩余劳动力分析 [J]．华东经济管理，2009，23（06）：23 – 26.

[210] 李士梅，尹希文．中国农村劳动力转移对农业全要素生产率的影响分析 [J]．农业技术经济，2017（09）：4 – 13.

[211] 秦有娟．农村剩余劳动力转移问题的原因分析——基于江苏省农户的调查 [J]．商业经济研究，2015（09）：48 – 49.

[212] 徐宏伟，唐铁山．湖北省农村剩余劳动力转移影响因素的实证分析 [J]．湖北社会科学，2015（08）：61 – 67.

[213] 王爱民，李子联．农业技术进步对农民收入的影响机制研究 [J]．经济经纬，2014，31（04）：31 – 36.

[214] 许和连，赵德昭．技术进步与农业剩余劳动力转移研究 [J]．人

民论坛·学术前沿, 2012 (15): 78 - 85.

[215] 李斌, 吴书胜, 朱业. 农业技术进步、新型城镇化与农村剩余劳动力转移——基于"推拉理论"和省际动态面板数据的实证研究 [J]. 财经论丛, 2015 (10): 3 - 10.

[216] 马轶群. 苏浙两省技术进步影响劳动力转移的实证分析——基于不同发展模式的比较研究 [J]. 科学学研究, 2013, 31 (06): 864 - 870, 882.

[217] 张宽, 漆雁斌, 沈倩岭. 农业机械化、农村劳动力转移与产业结构演进——来自河南省 1978 - 2014 的经验证据 [J]. 财经理论研究, 2017 (04): 39 - 49.

[218] 周晓时. 劳动力转移与农业机械化进程 [J]. 华南农业大学学报 (社会科学版), 2017, 16 (03): 49 - 57.

[219] 李士梅, 尹希文. 中国农村劳动力转移对农业全要素生产率的影响分析 [J]. 农业技术经济, 2017 (09): 4 - 13.

[220] 程名望, 阮青松. 资本投入、耕地保护、技术进步与农村剩余劳动力转移 [J]. 中国人口·资源与环境, 2010, 20 (08): 27 - 32.

[221] 赵思诚, 许庆, 刘进. 劳动力转移、资本深化与农地流转 [J]. 农业技术经济, 2020 (03): 4 - 19.

[222] 夏玉莲, 匡远配, 曾福生. 农地流转、农村劳动力转移与农民减贫 [J]. 经济经纬, 2017, 34 (05): 32 - 37.

[223] 黄枫, 孙世龙. 让市场配置农地资源: 劳动力转移与农地使用权市场发育 [J]. 管理世界, 2015 (07): 71 - 81.

[224] 张苇锟, 杨明婉. 土地转出规模与农村劳动力转移就业——基于粤赣乡村调研数据的实证分析 [J]. 调研世界, 2020 (08): 26 - 32.

[225] 胡新艳, 洪炜杰. 劳动力转移与农地流转: 孰因孰果? [J]. 华中农业大学学报 (社会科学版), 2019 (01): 137 - 145, 169.

[226] 杨子砚, 文峰. 从务工到创业——农地流转与农村劳动力转移形式升级 [J]. 管理世界, 2020, 36 (07): 171 - 185.

[227] 袁野, 周洪. 山区农村劳动力转移对农地退耕的影响——以武陵

山区为例 [J]. 中国农业资源与区划, 2021, 42 (02): 249 – 256.

[228] 高佳, 宋戈. 农村劳动力转移规模对农地流转的影响 [J]. 经济地理, 2020, 40 (08): 172 – 178.

[229] 郑鑫. 城镇化对中国经济增长的贡献及其实现途径 [J]. 中国农村经济, 2014 (06): 4 – 15.

[230] 余吉祥, 周光霞, 闫富雄. 劳动力流动与城市规模分布——以珠三角城市群为例的研究 [J]. 西北人口, 2013, 34 (05): 44 – 50.

[231] 赖明勇, 彭冲, 王腊芳, 肖皓. 湖南省农业剩余劳动力转移再配置效应分析 [J]. 农业技术经济, 2011 (01): 57 – 69.

[232] 曾龙, 杨建坤. 城市扩张、土地财政与农村剩余劳动力转移——来自中国 281 个地级市的经验证据 [J]. 经济与管理研究, 2020, 41 (05): 14 – 32.

[233] 熊鹰. 中国农村转移劳动力区域再配置: 基于公共服务的视角 [J]. 统计与决策, 2020, 36 (11): 73 – 76.

[234] 崔菲菲, 杨静, 傅康生. 农村劳动力转移对家庭储蓄率的异质性影响研究 [J]. 统计与信息论坛, 2019, 34 (12): 40 – 49.

[235] 李祥妹, 刘亚洲, 曹丽萍. 高速铁路建设对人口流动空间的影响研究 [J]. 中国人口·资源与环境, 2014, 24 (06): 140 – 147.

[236] 钱力, 彭瑞峰. 政府引导、农户经济行为与相对贫困减缓 [J]. 统计与决策, 2021, 37 (21): 89 – 92.

[237] 徐宏伟, 唐铁山. 湖北省农村剩余劳动力转移影响因素的实证分析 [J]. 湖北社会科学, 2015 (08): 61 – 67.

[238] 刘金林, 马静. 推普助力农村劳动力转移就业的机理及效应 [J]. 中南民族大学学报 (人文社会科学版), 2021, 41 (11): 137 – 144.

[239] 郑爱翔, 吴兆明, 刘轩. 农村转移劳动力市民化进程中职业能力提升策略研究 [J]. 教育发展研究, 2016, 36 (07): 45 – 51.

[240] 李勇刚. 收入差距、房价水平与农村剩余劳动力转移——基于面板联立方程模型的经验分析 [J]. 华中科技大学学报 (社会科学版), 2016,

30（01）：83－91.

[241] 张莉，何晶，马润泓．房价如何影响劳动力流动？[J]．经济研究，2017，52（08）：155－170.

[242] 兰宗敏，张超，陈思．城市房价差异如何影响劳动力迁移？[J]．学习与探索，2021（06）：106－115.

[243] 许烜．农村劳动力转移对城市房价的影响及其空间效应分析[J]．湖南科技大学学报（社会科学版），2014，17（03）：88－92.

[244] 陆铭．玻璃幕墙下的劳动力流动——制度约束、社会互动与滞后的城市化[J]．南方经济，2011（06）：23－37.

[245] 朱劲松．中国农民和农民工的边缘化——基于农民工收入与数量等实证数据的分析[J]．西北农林科技大学学报（社会科学版），2010，10（04）：9－14.

[246] 孙文凯，白重恩，谢沛初．户籍制度改革对中国农村劳动力流动的影响[J]．经济研究，2011，46（01）：28－41.

[247] 梁琦，陈强远，王如玉．户籍改革、劳动力流动与城市层级体系优化[J]．中国社会科学，2013（12）：36－59，205.

[248] 杨昕．二元户籍制度下农村劳动力转移对劳动收入占比变动的影响[J]．人口研究，2015，39（05）：100－112.

[249] 刘劭睿，廖梦洁，刘佳丽．劳动力转移对城乡居民收入差距的非线性影响研究[J]．重庆大学学报（社会科学版），2021，27（06）：73－84.

[250] 胡小丽．农村人口转移对城乡收入差距的影响——基于中国313个地级市的经验证据[J]．财经论丛，2021（08）：3－13.

[251] 杨胜利，高向东．我国劳动力资源分布与优化配置研究[J]．人口学刊，2014，36（01）：78－88.

[252] 陈宏伟，穆月英．劳动力转移、技术选择与农户收入不平等[J]．财经科学，2020（08）：106－117.

[253] 蔡昉，王美艳．为什么劳动力流动没有缩小城乡收入差距[J]．经济学动态，2009（08）：4－10.

[254] 蔡武, 陈广汉. 异质型人力资本溢出、劳动力流动与城乡收入差距 [J]. 云南财经大学学报, 2013, 29 (06): 24 – 32.

[255] 韩军, 孔令丞. 创新要素流动与产业结构变迁关系及其空间溢出效应研究 [J]. 科技进步与对策, 2020, 37 (19): 59 – 67.

[256] 耿宇宁, 刘婧. 劳动力转移与技术进步对粮食产量的门槛效应分析 [J]. 经济问题, 2019 (12): 96 – 103.

[257] 廖开妍, 杨锦秀, 曾建霞. 农业技术进步、粮食安全与农民收入——基于中国 31 个省份的面板数据分析 [J]. 农村经济, 2020 (04): 60 – 67.

[258] 范东君. 我国农村劳动力流出对粮食生产的可持续影响——基于不同区域面板数据考察 [J]. 现代财经 (天津财经大学学报), 2013, 33 (06): 57 – 69.

[259] 徐苗苗, 黄智君, 阎晓博, 冀昊, 李敏. 农村劳动力转移对苹果生产效率的影响研究——基于陕西省调研数据 [J]. 林业经济, 2021, 43 (04): 70 – 82.

[260] 樊祥成. 农业内卷化辨析 [J]. 经济问题, 2017 (08): 73 – 77.

[261] 彭代彦, 文乐. 农村劳动力结构变化与粮食生产的技术效率 [J]. 华南农业大学学报 (社会科学版), 2015, 14 (01): 92 – 104.

[262] 程名望, 黄甜甜, 刘雅娟. 农村劳动力外流对粮食生产的影响: 来自中国的证据 [J]. 中国农村观察, 2015 (06): 15 – 21, 46, 94.

[263] 姜德波, 汝刚, 秦永. 劳动力转移、技术进步与粮食产量——基于中国主要产粮省份的经验分析 [J]. 南京审计大学学报, 2017, 14 (01): 29 – 36.

[264] 齐长安. 我国农村劳动力转移的减贫效应研究 [J]. 技术经济与管理研究, 2020 (09): 102 – 105.

[265] 贾朋, 都阳, 王美艳. 中国农村劳动力转移与减贫 [J]. 劳动经济研究, 2016, 4 (06): 69 – 91.

[266] 苗欣, 吴一平. 中国农村贫困户劳动力转移的减贫效应分析——

基于河南省 12 个贫困县 1211 份调查数据〔J〕. 河南大学学报（社会科学版），2021，61（03）：43 – 50.

〔267〕廖文梅，乔金笛，伍锋. 劳动力转移、致贫异质性与农户减贫研究——以江西省 995 户样本为例〔J〕. 江西财经大学学报，2020（03）：87 – 96.

〔268〕任碧云，孟维福. 包容性金融发展、农村劳动力转移与减贫效应〔J〕. 财经问题研究，2020（06）：49 – 56.

〔269〕彭建交. 基于 VAR 模型的旅游业发展、劳动力转移与贫困减缓关系研究〔J〕. 生态经济，2020，36（04）：139 – 144.

〔270〕魏万青. 浅议农村剩余劳动力转移对农民增收的贡献〔J〕. 农家参谋，2021（18）：3 – 4.

〔271〕王天义，张莉，刘进宝. 试论农村劳动力转移对我国农村经济发展的影响〔J〕. 南方农业，2021，15（26）：75 – 76.

〔272〕何田，廖和平，孙平军，刘愿理，王刚，青丽波. 西南山区村域贫困家庭劳动力转移强度空间格局及影响因素〔J〕. 农业工程学报，2020，36（05）：325 – 334.

〔273〕赵曼，程翔宇. 劳动力外流对农村家庭贫困的影响研究——基于湖北省四大片区的调查〔J〕. 中国人口科学，2016（03）：104 – 113，128.

〔274〕樊士德，金童谣. 中国劳动力流动对城乡贫困影响的异质性研究〔J〕. 中国人口科学，2021（04）：98 – 113，128.

〔275〕张桂文，王青，张荣. 中国农业劳动力转移的减贫效应研究〔J〕. 中国人口科学，2018（04）：18 – 29，126.

〔276〕雷鹏飞，赵凡. 基于博弈论的视角分析农村劳动力转移的"钟摆"现象〔J〕. 东岳论丛，2020，41（07）：120 – 127.

〔277〕袁霓. 中国农村女性劳动力迁移的实证分析〔J〕. 南方人口，2009，24（01）：30 – 34.

〔278〕黄敦平，王高攀. 社会融合对农民工市民化意愿影响的实证分析——基于 2016 年中国流动人口动态监测调查〔J〕. 西北人口，2021，42

（03）：12 – 22.

[279] 康姣姣，闫周府，吴方卫．农村劳动力回流、就业选择与农地转出——基于千村调查的经验研究 [J]．南方经济，2021（07）：72 – 86.

[280] 石智雷，杨云彦．家庭禀赋、家庭决策与农村迁移劳动力回流 [J]．社会学研究，2012，27（03）：157 – 181，245.

[281] 左停，贺莉，刘文婧．相对贫困治理理论与中国地方实践经验 [J]．河海大学学报（哲学社会科学版），2019，21（06）：1 – 9，109.

[282] 吴传俭．经济资源错配视角下的农村贫困与中国反贫困路径研究 [J]．宏观经济研究，2016（06）：3 – 19.

[283] 宋妍．当前我国的相对贫困问题及施治思路 [J]．许昌学院学报，2020，39（04）：113 – 117.

[284] 赵然芬．建立解决相对贫困的长效机制 [N]．中国社会科学报，2020 – 09 – 09（006）.

[285] 杨国涛，周慧洁，李芸霞．贫困概念的内涵、演进与发展述评 [J]．宁夏大学学报（人文社会科学版），2012，34（06）：139 – 143.

[286] 蒋雨东，廖小舒，夏瑜蔓，王德平．弥补可行能力能够帮助贫困人口摆脱贫困吗？——来自西藏边境 J 村的实地调查 [J]．安徽农业大学学报（社会科学版），2021，30（03）：68 – 75.

[287] 郭熙保．论贫困概念的内涵 [J]．山东社会科学，2005（12）：49 – 54.

[288] 曾群，魏雁滨．失业与社会排斥：一个分析框架 [J]．社会学研究，2004（03）：11 – 20.

[289] 张永丽，徐腊梅．中国农村贫困性质的转变及 2020 年后反贫困政策方向 [J]．西北师大学报（社会科学版），2019，56（05）：129 – 136.

[290] 高强，孔祥智．论相对贫困的内涵、特点难点及应对之策 [J]．新疆师范大学学报（哲学社会科学版），2020，41（03）：120 – 128.

[291] 吴振磊，王莉．我国相对贫困的内涵特点、现状研判与治理重点 [J]．西北大学学报（哲学社会科学版），2020，50（04）：16 – 25.

[292] 孙久文，张倩. 2020 年后我国相对贫困标准：经验、实践与理论构建 [J]. 新疆师范大学学报（哲学社会科学版），2021，42（04）：79 - 91.

[293] 向德平，向凯. 多元与发展：相对贫困的内涵及治理 [J]. 华中科技大学学报（社会科学版），2020，34（02）：31 - 38.

[294] 闫鸿鹏. 开放经济条件下城镇化与减贫关系研究 [J]. 东北财经大学学报，2019（06）：56 - 64.

[295] 杜国明，张燕，于佳兴. 东北地区精准扶贫工作中的难点与对策 [J]. 农业经济与管理，2018（01）：11 - 17.

[296] 张博胜，杨子生. 基于空间计量模型的云南农村贫困格局及其影响因素诊断 [J]. 农业工程学报，2019，35（07）：276 - 287，318.

[297] 赵榕，熊康宁，陈起伟. 多维贫困视角下喀斯特区贫困乡村空间分异与地域类型划分 [J]. 农业工程学报，2020，36（18）：232 - 240.

[298] 牛胜强. 多维视角下贫困内涵及我国农村贫困标准的科学构建 [J]. 当代经济管理，2018，40（07）：1 - 5.

[299] "城乡困难家庭社会政策支持系统建设" 课题组，韩克庆，唐钧. 贫困概念的界定及评估的思路 [J]. 江苏社会科学，2018（02）：24 - 30.

[300] 方迎风，周少驰. 多维相对贫困测度研究 [J]. 统计与信息论坛，2021，36（06）：21 - 30.

[301] 谭诗斌. FGT 贫困指数变动分解虚拟空间投影解析方法 [J]. 数量经济技术经济研究，2019，36（10）：132 - 148. DOI：10.13653/j. cnki. jqte. 2019. 10. 008.

[302] 胡志平. 基本公共服务、脱贫内生动力与农村相对贫困治理 [J/OL]. 求索，2021（06）：146 - 155 [2021 - 12 - 06].

[303] 张立冬. 中国农村贫困动态性与扶贫政策调整研究 [J]. 江海学刊，2013（02）.

[304] 潘从文，胡棋智. 中国城乡低收入动态的实证研究——基于收入流动性分析的视角 [J]. 中国经济问题，2010（05）：31 - 41.

[305] 张博胜. 中国中西部地区城镇化的农村减贫效应与减贫路径研究

［D］. 欧阳德君. 中国特色社会主义反贫困理论研究. 云南财经大学，2021.

［D］. 贵州师范大学，2019. DOI：10. 27048/d. cnki. ggzsu. 2019. 000001.

［306］宋颜群. 相对贫困视角下财政扶贫研究［D］. 山东大学，2021.
DOI：10. 27272.

［307］孙久文，张倩. 2020 年后我国相对贫困标准：经验、实践与理论构
建［J］. 新疆师范大学学报（哲学社会科学版），2021，42（04）：79 - 91.

［308］丁建军. 多维贫困的理论基础、测度方法及实践进展［J］. 西部
论坛，2014，24（01）：61 - 70.

［309］张青. 相对贫困标准及相对贫困人口比率［J］. 统计与决策，
2012（06）：87 - 88. DOI：10. 13546/j. cnki. tjyjc. 2012. 06. 028.

［310］林万龙，陈蔡春子. 中国城乡差距 40 年（1978—2017）比较：
基于人类发展指数的分析［J］. 河北师范大学学报（哲学社会科学版），
2021，44（03）：120 - 129.

［311］骆明婷. 机制化减贫［D］. 上海社会科学院，2021. DOI：10. 27310.

［312］François Bourguignon，Satya R. Chakravarty. The Measurement of
Multidimensional Poverty［J］. The Journal of Economic Inequality，2003，1
（1）：25 - 49.

［313］李春根，陈文美，邹亚东. 深度贫困地区的深度贫困：致贫机理
与治理路径［J］. 山东社会科学，2019（04）：69 - 73，98. DOI：10. 14112/
j. cnki. 37 - 1053/c. 2019. 04. 010.

［314］郑长德，单德朋. 集中连片特困地区多维贫困测度与时空演进
［J］. 南开学报（哲学社会科学版），2016（03）：135 - 146.

［315］高军，李忠东. 甘肃贫困地区扶贫攻坚问题研究［J］. 开发研
究，2014（03）：34 - 36.

［316］张利洁. 试论西部民族地区的反贫困与人力资本积累［J］. 宁夏
大学学报（人文社会科学版），2006（02）：84 - 87，102.

［317］孙宝强. 我国农民贫困的体制原因与改革对策［J］. 珠江经济，
2006（05）：68 - 73.

[318] 张斌，武海利，贾文利. 农村多维相对贫困测度及治理研究 [J]. 北方园艺，2021（10）：147 - 155.

[319] 李兰冰. 中国区域协调发展的逻辑框架与理论解释 [J]. 经济学动态，2020（01）：69 - 82.

[320] 韩佳丽. 贫困地区农村劳动力流动减贫的路径比较研究 [J]. 中国软科学，2019（12）：43 - 52.

[321] 章贵军，刘盟，罗良清. 中国城乡居民相对贫困特征及变动原因研究——基于 ELES 模型的实证分析 [J]. 中国软科学，2021（08）：63 - 74.

[322] William R. C. Reducing Poverty [J]. The International Economy，2004，13（3）：76 - 78.

[323] 王太明. 中国共产党减贫的实践历程、基本经验及未来转向 [J]. 经济学家，2021（07）：17 - 26.

[324] 张建华. 中国经济转型发展中的城镇贫困问题 [J]. 云南大学学报（社会科学版），2007（01）：48 - 58，95.

[325] Martin Ravallion，Shaohua Chen. China's（uneven）progress against poverty [J]. Journal of Development Economics，2007，82（1）：1 - 42.

[326] 阮敬，詹婧. 亲贫困增长分析中的 Shapley 分解规则 [J]. 统计研究，2010，27（05）：58 - 66. DOI：10.19343/j.cnki.11 - 1302/c.2010.05.010.

[327] 江克忠，刘生龙. 收入结构、收入不平等与农村家庭贫困 [J]. 中国农村经济，2017（08）：75 - 90.

[328] 罗良清，平卫英，单青松，王佳. 中国贫困治理经验总结：扶贫政策能够实现有效增收吗？ [J]. 管理世界，2022，38（02）：5 - 8，70 - 83，115.

[329] Schultz Theodore W. U. S. Endeavors to Assist Low-Income Countries Improve Economic Capabilities of Their People [J]. Journal of Farm Economics，1961，43（5）：1068 - 1077.

[330] 王胜，屈阳，王琳，余娜，何佳晓. 集中连片贫困山区电商扶贫

的探索及启示——以重庆秦巴山区、武陵山区国家级贫困区县为例［J］. 管理世界，2021，37（02）：95 - 106.

［331］王琳，李珂珂，周正涛．"后脱贫时代"我国贫困治理的特征、问题与对策［J］. 兰州大学学报（社会科学版），2021，49（05）：49 - 56.

［332］范和生，武政宇．相对贫困治理长效机制构建研究［J］. 中国特色社会主义研究，2020（01）：63 - 69.

［333］赵兴龙．精准扶智：内涵与典型实践的探析与思考［J］. 中国远程教育，2019（07）：1 - 8，92.

［334］俞福丽，蒋乃华．健康对农民种植业收入的影响研究——基于中国健康与营养调查数据的实证研究［J］. 农业经济问题，2015，36（04）：66 - 71，111.

［335］林闽钢．相对贫困的理论与政策聚焦——兼论建立我国相对贫困的治理体系［J］. 社会保障评论，2020，4（01）：85 - 92.

［336］蔡昉．穷人的经济学——中国扶贫理念、实践及其全球贡献［J］. 世界经济与政治，2018（10）：4 - 20，156.

［337］Schryer Stephen. Maximum Feasible Participation：American Literature and the War on Poverty［M］. Stanford, California：Stanford University Press，2018.

［338］薛卫军．农村劳动力流动对农村经济的影响及对策探讨［J］. 农村经济与科技，2021，32（05）：240 - 241.

［339］高若晨，李实．农村劳动力外出是否有利留守家庭持久脱贫？——基于贫困脆弱性方法的实证分析［J］. 北京师范大学学报（社会科学版），2018（04）：132 - 140.

［340］Rachel Sabates-Wheeler, Ricardo Sabates, Adriana Castaldo. Tackling Poverty-Migration Linkages：Evidence from Ghana and Egypt［J］. Social Indicators Research，2008，87（2）：307 - 328.

［341］莫亚琳，黄奕涵，罗培坤．社会资本、农村劳动力流动与农户收入——基于CFPS数据的实证研究［J］. 投资研究，2020，39（06）：111 - 127.

［342］王恒，王征兵，朱玉春．乡村振兴战略下连片特困地区劳动力流

动减贫效应研究——基于收入贫困与多维贫困的双重视角［J］. 农村经济，2020（04）：43-50.

［343］Bertoli，Marchetta. Migration，Remittances and Poverty in Ecuador ［J］. The Journal of Development Studies，2014，50（8）：1067-1089.

［344］樊士德，江克忠. 中国农村家庭劳动力流动的减贫效应研究——基于 CFPS 数据的微观证据［J］. 中国人口科学，2016（05）：26-34，126.

［345］Chinn Dennis L.. Team cohesion and collective-labor supply in Chinese agriculture ［J］. Journal of Comparative Economics，1979，3（04）：375-394.

［346］Oded Stark，David E. Bloom. The New Economics of Labor Migration ［J］. The American Economic Review，1985，75（02）：173-178.

［347］李华晶，肖彬，盛来，樊菲. 创业与贫困的关系研究——国外研究评述及展望［J］. 软科学，2018，32（08）：1-3，8.

［348］李石新，高嘉蔚. 中国农村劳动力流动影响贫困的理论与实证研究［J］. 科学经济社会，2011，29（04）：5-11.

［349］杨靳. 人口迁移如何影响农村贫困［J］. 中国人口科学，2006（04）：64-69，96.

［350］Sergei Guriev，Elena Vakulenko. Breaking out of poverty traps：Internal migration and interregional convergence in Russia ［J］. Journal of Comparative Economics，2015，43（3）：633-649.

［351］李翠锦. 贫困地区劳动力迁移、农户收入与贫困的缓解——基于新疆农户面板数据的实证分析［J］. 西北人口，2014，35（01）：34-38，44.

［352］Arjan de Haan. The badli system in industrial labour recruitment：Managers' and workers' strategies in Calcutta's jute industry ［J］. Contributions to Indian Sociology，1999，33（1-2）：271-301.

［353］苏红键，魏后凯. 改革开放 40 年中国城镇化历程、启示与展望［J］. 改革，2018（11）：49-59.

［354］都阳，贾朋，程杰. 劳动力市场结构变迁、工作任务与技能需求［J］. 劳动经济研究，2017，5（03）：30-49.

[355] 程名望, 贾晓佳, 俞宁. 农村劳动力转移对中国经济增长的贡献 (1978～2015 年): 模型与实证 [J]. 管理世界, 2018, 34 (10): 161 – 172.

[356] Peter Lanjouw, Rinku Murgai, Nicholas Stern. Nonfarm diversification, poverty, economic mobility, and income inequality: A case study in village India [J]. Agricultural Economics, 2013, 44 (4 – 5): 461 – 473.

[357] Filomena M. Critelli et al. Labor Migration and Its Impact on Families in Kyrgyzstan: A Qualitative Study [J]. Journal of International Migration and Integration, 2020: 1 – 22.

[358] 韩佳丽, 王志章, 王汉杰. 新形势下贫困地区农村劳动力流动的减贫效应研究——基于连片特困地区的经验分析 [J]. 人口学刊, 2018, 40 (05): 100 – 113.

[359] 蔡玲松. 城镇化减贫理论述评及对策研究——基于欠发达地区分析 [J]. 中国林业经济, 2019 (03): 20 – 22. DOI: 10. 13691/j. cnki. cn23 – 1539/f. 2019. 03. 006.

[360] Siti Hadijah Che Mat, Ahmad Zafarullah Abdul Jalil, Mukaramah Harun. Does Non-Farm Income Improve the Poverty and Income Inequality Among Agricultural Household in Rural Kedah? [J]. Procedia Economics and Finance, 2012 (01): 269 – 275.

[361] 王建国. 外出从业、农村不平等和贫困 [J]. 财经科学, 2013 (03): 83 – 94.

[362] 樊士德, 江克忠. 中国农村家庭劳动力流动的减贫效应研究——基于 CFPS 数据的微观证据 [J]. 中国人口科学, 2016 (05): 26 – 34, 126.

[363] 韩佳丽, 王志章, 王汉杰. 贫困地区劳动力流动对农户多维贫困的影响 [J]. 经济科学, 2017 (06): 87 – 101. DOI: 10. 19523/j. jjkx. 2017. 06. 007.